国家人地关系演进的
资源环境基础

张 雷 杨 波 著

科 学 出 版 社
北 京

内 容 简 介

自有人类以来，就产生了人类文明进步与地球资源环境两者相互作用的关系，即人地关系。这种关系的演进既决定了人类社会对周围资源环境开发利用的深化程度，也决定了人类文明持续进步的总体状态，因而成为现代地理学研究的核心领域。本书从资源环境基础支撑和人文社会发展需求两者的过程变化，评价与揭示国家现代化进程中人地关系演进的总体特征和基本规律；在确定资源环境基础本底特征的基础上，展开人文社会活动过程的总体评价，并进行国家人地关系协调状态的全面分析。结果表明，现代中国的人地关系已进入全面紧张阶段，如何缓解乃至遏制这一趋势的演进，已成为国家持续发展的一项长期目标和基本任务。

本书可供从事区域开发、环境保护、地理科学教育和管理等方面工作的国家政府决策者、科研人员、教员与研究生阅读和参考。

图书在版编目(CIP)数据

国家人地关系演进的资源环境基础/张雷，杨波著. —北京：科学出版社，2019.3
ISBN 978-7-03-060594-8

Ⅰ.①国… Ⅱ.①张… ②杨… Ⅲ.①人地关系–研究–中国 Ⅳ.①K92

中国版本图书馆 CIP 数据核字（2019）第 033801 号

责任编辑：李　敏　杨逢渤 / 责任校对：樊雅琼
责任印制：吴兆东 / 封面设计：无极书装

科学出版社 出版
北京东黄城根北街 16 号
邮政编码：100717
http://www.sciencep.com

北京虎彩文化传播有限公司 印刷
科学出版社发行　各地新华书店经销
*
2019 年 3 月第 一 版　开本：720×1000　B5
2019 年 3 月第一次印刷　印张：9 3/4
字数：200 000
定价：128.00 元
（如有印装质量问题，我社负责调换）

作者简介

张雷，男，中国科学院地理科学与资源研究所研究员，博士生导师。1951年生于北京市。1978年毕业于北京大学地理系，专业为城市规划。同年进入中国科学院地理科学与资源研究所从事科研工作。1989年就读于加拿大马尼托巴大学地理系，1991年获文学硕士学位，1995年获理学博士学位。同年回国复在中国科学院地理科学与资源研究所工作。曾任中国科技大学研究生院兼职教授，中国科学院南京地理与湖泊研究所客座研究员和北京交通大学（原北方交通大学）经济管理学院博士生导师。

目前主要从事资源环境开发与区域发展和国家人地关系（侧重人地关系问题的资源环境基础）两方面问题的研究。曾在国内外刊物发表近200篇学术论文，出版专著7部，合著20余部。

杨波，男，博士，北京市社会科学院助理研究员。1982年生于辽宁省新民市。2005年毕业于浙江大学地球科学系，专业为地理信息系统。2005年就读于中国科学院地理科学与资源研究所，2008年获人文地理学硕士学位。同年，继续在中国科学院地理科学与资源研究所深造，师从张雷研究员，并于2012年获博士学位。2011年4月至10月获国家留学基金委资助，赴英国爱丁堡大学学习交流。2012年进入北京市社会科学院工作。

目前主要从事区域可持续发展研究。曾在国内外刊物发表学术论文20余篇，出版合著10余部。

前　言

　　人地关系是一个既古老又年轻，且十分沉重的话题。

　　在人类文明之初，人类的祖先对人与地（自然）的关系便有了一种基本概念。受制于自身实践的积累和认知能力，古代的先人对人地关系的认识尚处于朦胧阶段。出于对大自然的敬畏和朴素的哲理认识，人们将人地关系定义为上苍对包括人类在内的万物活动行为做出的秩序安排，于是便有了"人法地、地法天、天法道，道法自然"之说。只要人守法于地，便可实现"天人合一"的永续生存和繁衍。

　　进入现代工业文明后，科学技术的进步彻底改变了人类对自然物质能量的掌控能力，从而使人类站在了地球生物种群的顶端。人类似乎有充分的理由将自己视为地（自然）的主人，可以根据自身的需求和意愿任意安排和重构地球面貌，以致传统的"天人合一"理念最终被"人地关系"取代。人类已经无法仅仅满足于"人法地"的卑微地位，而是要充分展现"人治地"的主人身份。人地关系的理念很是"精彩"，但是人地关系的实践却很是"骨感"。在不足300年的时期内，大规模的全球资源环境开发利用便使人类对人地关系的认识经历了从"资源有限论"到"技术进步论"，再到"人地和谐论"的轮回。这也恰恰体现了人类对地球认识的深化过程。现代的人类已经开始意识到，地球虽小，却是我们已知宇宙中色彩最为斑斓的星体，其中，以绿色为基调的大陆正是我们人类生存的唯一家园。在这个唯一的地球家园中，人类对绿色有着天性的偏好和热爱。然而，自工业革命以来，对财富积累的过度追求和对地球资源环境的过度开发已使人类社会的发展越来越偏离原有的绿色发展轨迹。为此，人类需要重新审视对人地关系的认识，努力回归绿色发展，以改善不断恶化的家园环境。

　　当今世界，人们在享受着新能源、新材料、新技术带来的多彩生活方式的同时，也在不断目睹着地球资源环境不堪重负的疲态。地球自然景观的恶化不仅发生在人类的居住地——陆地，而且已经开始殃及占地球表面积70%以上的海洋。目前，全球每年产生塑料垃圾2.75亿t，其中约800万t流向了海洋。经历了长期的积淀和汇聚，仅在太平洋东部就形成了一个面积约为160万 km²的海上巨型塑料垃圾带，超过法国、德国和西班牙三国国土面积[①]的总和，被人们称为"第

[①] 本书中国土面积为陆地面积，下同。

八大陆"。2015年美国的《科学》杂志更有论文指出，如果以现有塑料垃圾进入海洋的速度计算，2050年海洋中塑料的重量将超过所有鱼类的重量。这就难怪著名的英国物理学家霍金在其生前提出数百年内地球毁灭的见解，因为携带自私和贪婪遗传密码的人类无法停止对地球的过度开发。

  作为世界上最大的发展中国家，在经历了多年的大规模现代化建设后，中国的财富积累达到了一个史无前例的高度。然而，随着工业化和城镇化进程的不断加快，国家现代化发展也面临着来自资源环境保障方面越来越大的压力。长期以来的我国优质能源供应紧张、淡水资源短缺、耕地面积下降、草场退化、雾霾频繁肆虐及生态环境质量下降的诸多事实恰恰证明了这一点。能否确保资源的合理开发和环境的有效改善是国家生态文明建设与绿色发展战略实施必须解决的重大理论课题和现实问题。

  从20世纪80年代起，中国地理学界便将国家人地关系的研究视为自身学科发展的核心。经历了数十年积极参与国家和地区现代化实践的努力，中国地理学界在国家人地关系的认识方面取得了长足进步。然而，面对国家和地区工业化与城镇化发展的强烈愿望及巨大需求，如何通过深化国家人地关系的科学认识来提高服务整个社会生态文明与绿色发展实践的质量依然是中国地理学界当下与未来发展的第一要务，特别是在基础理论方面。对于我国这样一个人口众多、社会活动分布相对集中、自然地理环境复杂、资源环境承载能力相对不足的国家来说，正确地认识自身的资源环境禀赋及其地理开发环境，以此展开国家和区域现代化的资源环境保障体系建设，始终是国家从工业文明向生态文明转变的必要前提和条件。这正是本书撰写的初衷所在。

  本书是国家自然科学基金重点项目（41430636）和面上项目（41571518）的专题研究集成。

张　雷
2018年4月30日于北京

目　　录

上篇　概念、认识与国际比较

第 1 章　基本概念 3
1.1　自然事件的意义 3
1.2　人地关系 4
1.3　地球资源环境基础 8
1.4　资源环境开发 13
1.5　结论 30

第 2 章　认识过程 31
2.1　资源有限论 32
2.2　技术进步论 33
2.3　可持续发展论 35
2.4　结论 36

第 3 章　国家人地关系演进的国际比较研究 38
3.1　要素与对象选择 38
3.2　要素综合评价 39
3.3　案例分析：日本 44
3.4　案例分析：美国 47
3.5　结论 51

下篇　中国实践

第 4 章　中国国家人地关系的演进过程分析 55
4.1　国家资源环境基础 55
4.2　国家工业化进程 57
4.3　国家人地关系演进 58
4.4　结论 70

第 5 章　中国资源环境基础的空间结构特征分析 ························ 72
　　5.1　基本认识与基本概念 ·· 73
　　5.2　基本评价公式 ·· 75
　　5.3　评价结果 ·· 76
　　5.4　结论 ·· 81
第 6 章　适宜开发区人地关系演进 ·· 83
　　6.1　人地关系演进状态 ·· 83
　　6.2　人文要素的作用分析 ··· 87
　　6.3　资源环境压力分析 ·· 89
　　6.4　结论 ··· 101
第 7 章　较适宜开发区人地关系演进 ·· 103
　　7.1　人地关系演进状态评价 ··· 103
　　7.2　人地关系演进的动力结构分析 ······························· 107
　　7.3　资源环境压力分析 ·· 109
　　7.4　结论 ··· 119
第 8 章　不适宜开发区人地关系演进 ·· 120
　　8.1　人地关系演进状态评价 ··· 120
　　8.2　人地关系演进的动力结构分析 ······························· 124
　　8.3　资源环境压力分析 ·· 126
　　8.4　结论 ··· 136
第 9 章　结论与建议 ··· 138

参考文献 ·· 141

上篇

概念、认识与国际比较

第 1 章　基 本 概 念

自诞生之日起，人类就将对人地关系的认识作为自身生存和发展的第一要务，且持续至今。所不同者，古代文明时期人类对人地关系的认知带有极其强烈的原始而淳朴的天然色彩；与之相比，现代文明时期对人地关系的认知则具有明显的、理性的科学归纳特点。

1.1　自然事件的意义

客观地讲，地球表层是地球物质能量交换最为集中的场所和各类矛盾与冲突发生的集合体。因此，自然事件的频发既是地表物质与能量时空交换过程和形态演变的具体体现，也是地球生命力持续发展的基础所在。人类就是在这样的自然事件往复发生过程中诞生和成长起来的一个地球生命物种。换言之，人类的生存和发展与地表自然事件的发生息息相关。关键问题在于，人类应该如何科学地认识地表自然事件的发生，并在其中探寻自身未来生存和发展的正确途径。

（1）事件一：洪涝灾害

尽管大气层的重量只占地球重量的百万分之一，但它却是地球表层最为活跃和对人类生存影响最为直接的自然要素。它是人们常说的"天灾"的主要制造者。

2017年8月的暴雨，在南亚的印度、尼泊尔及孟加拉国等国家造成严重灾情，超过1200人死亡，数十万计的房屋被毁，印度、孟加拉国和尼泊尔三国4100万人受到洪水影响，是自2005年以来最严重的一次水灾。

2017年8月25日，飓风"哈维"在得克萨斯州登陆，截至9月1日，这场风灾已造成44人死亡、10万户住宅损毁，令当地近600万人受灾。美国政府部门预测，得克萨斯州重建费用可能高达1800亿美元。由于洪水泛滥，美国油气重镇休斯敦的多家炼油厂关闭，导致全球成品油价格波动。欧洲和亚洲汽油期货价格上涨7%，接近两年高位。

（2）事件二：地震与海啸

地震又称地动或地壳振动，是地壳在快速释放能量过程中造成的振动，导致地表物质基础组织结构的严重失衡，从而对影响所及范围内的人类与其他所有物种的生存环境造成巨大破坏。

2004年12月26日，印度尼西亚苏门答腊以北海底的地震引发印度洋海啸，造成22.6万人死亡，成为近200多年来世界上死伤最惨重的海啸灾难。

2011年3月11日日本宫城县东方外海发生震级规模为9.0级的大地震。地震造成大海啸，导致1.5万人死亡，4000余人失踪，（直接）经济损失高达2100亿美元。更为严重的是，地震造成福岛核电站被毁，从而引发了一场全球性核危机。

（3）事件三：雨雪冰冻灾害

2008年我国出现大范围低温雨雪冰冻天气，受灾人口达1亿多人，直接经济损失达400多亿元，受灾范围涉及湖南、湖北、安徽、江西、广西、贵州等20个省（自治区、直辖市）。

问题的严重性还不仅如此。根据相关研究，在世界范围内，暴雨和洪水灾害从1980年的约200起增至2016年的超过600起。与此同时，洪水和暴雨造成的损失也越来越高。2010年全球面临飓风威胁的人比1970年多了两倍，而随着更多的人移居到海滨城市，这个数字还将继续增加。联合国估计，在2015年前的20年里，全球暴雨和洪水造成价值1.7万亿美元的损失。世界卫生组织则估计，按实际价值计算，飓风在全球造成的损失每年上升6%。到2050年，洪水在欧洲造成的损失将上升四倍。而据EM-DAT数据库记录，1980~2011年，全球地震灾害共造成86.5万人遇难，经济损失达7万亿美元（李曼等，2015）。

上述事件表明，尽管人类社会进步已经完全步入现代化的发展阶段，但是人类文明发育和地球自然演进两者关系（人地关系）的和谐程度不仅远未达到人类的预期，而且在很大程度上更加敏感和脆弱。

那么，如何才能构建起一个相对和谐的人地关系呢？建立和谐与稳定人地关系的基础何在？

1.2 人 地 关 系

1.2.1 基本内涵

作为地球物质能量交换最主要的场所，地球表层是一个充满矛盾和冲突的集合体。在这一集合体中，人类的生存和发育则始终面临着各种矛盾和冲突的严峻挑战。从人类可持续发展的角度看，寻求建立一种相对稳定的人地关系不仅是人类社会发展的最基本诉求，也是国家和区域发展无法回避的最大现实问题。

实际上，自有人类以来，就产生了人类社会文明进步与资源环境系统进化两者相互作用的关系,即人地关系。这种关系的演进与发展体现了人类社会对周围自然资源环境开发利用的深化过程,其基本动力则来自人类不断寻求改善自身生存与发展条件的渴望和努力。

与地球表层其他生物种群不同,人类既有被动地适应自然环境变化的一方面,又有能动创造和使用大量体外工具以改造自然环境的一方面,而最能展现人类这种主动创造能力的物质能量来源就是人类赖以生存和发展的资源环境基础。从这个意义上讲,人类从愚昧走向文明的历史就是一部资源环境的利用与开发历史。

中国自古有"万变不离其宗"之说。人类正是这样一个终生与自然资源和环境相伴的地球物种。实际上,作为地球表层生物圈中最具活力的物种,人类在其诞生后便开始了一场至今仍在继续的资源环境开发活动。这种资源环境开发活动的发生和发展正是人地关系演进的基本内涵所在。在此方面,一个以象形寓意的中国文字也许最能表达人与自然的这种关系,即"人"字。

如果以"人"字左边的一撇代表着整个人类社会,那么"人"字中的一捺便代表着地球上的资源环境基础。可以设想,一旦失去"人"字的这一捺,即资源环境基础,"人"字中的这一撇便会倒下,人类社会便将不复存在。

人类的启蒙时代如此,游牧文明时代如此,农耕文明时代如此,工业文明时代更是如此。随着科学认识和技术的不断发展,人类社会对周围资源环境的依赖程度也越来越高(图1-1)。

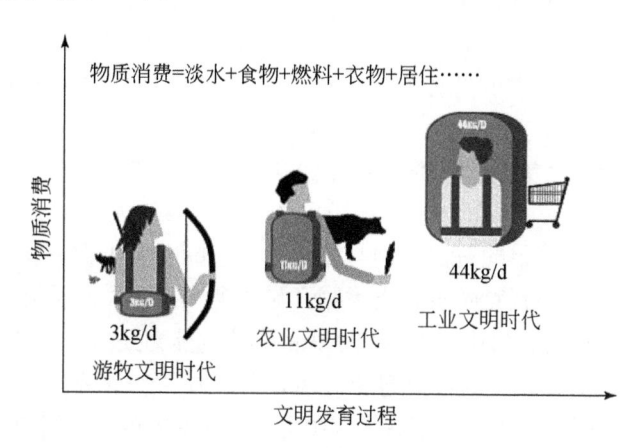

图1-1 人类文明过程的物质消费

1.2.2 演进过程

纵观人类资源环境利用与开发经历的漫长历史,其过程大体经历远古文明、古代文明和现代文明3个基本发展阶段（图1-2）。

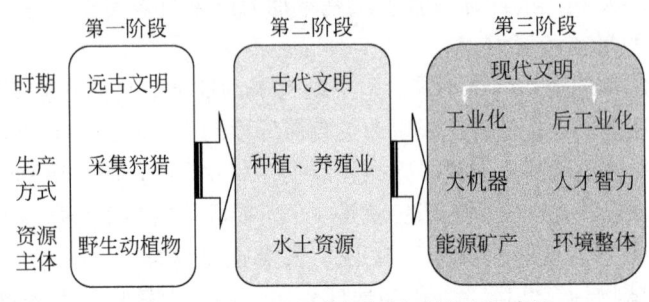

	第一阶段	第二阶段	第三阶段
时期	远古文明	古代文明	现代文明 工业化　后工业化
生产方式	采集狩猎	种植、养殖业	大机器　人才智力
资源主体	野生动植物	水土资源	能源矿产　环境整体

图1-2　人类文明发育的资源环境开发过程

在资源环境利用与开发的上述3个基本发展阶段中，以能源矿产为主的工业化发展对人类社会进步所产生的影响最为强烈、最为深远。

700万年前，人类的祖先都生活在温暖湿润的茂密丛林环境中。此后，随着板块运动，全球气温下降，地表植被开始发生重大变化。从非洲到欧亚，从北美到南美，大片草场几乎同时取代了原有的丛林，从而形成了连绵不断的草原景观。人类祖先的栖息之地——非洲热带雨林也被稀树草原的景观所取代。

为了寻求食物以求生存，人类的祖先不得不一次次地爬下大树，落地草原。为了防卫食肉动物的袭击和准确移至下一棵大树，古代猿类不得不以步行的姿态游弋于稀树草原。对古代猿类而言，这种从攀爬到步行的变化无异于一场革命。长期的行走，促进了猿类的肢体分工，而"手"的解放则最终标志着从猿到人的根本性转变。

在260万~250万年前，人类祖先开始利用无处不在的石头，尤其是利用氧化硅或硅酸盐类岩石（硅元素是地壳中仅次于碳的第二大元素）切割成形的特性，制造原始工具。简单的石器打制与加工不仅意味着人类拥有了更多适应采集和狩猎环境的手段，而且意味着人类大脑开启了通向自我主动性开发的大门。

在太阳系里的所有行星中，地球维系火的燃烧的能力是独一无二的。在其他星球上，只有闪电和熔岩，但是在地球上，有两种物质可以维系火的燃烧。除了树木、野草等各类可燃性植物外，还有大气中可以助火起舞的氧。可燃性植物与充满大气的氧使得地球本身拥有了巨大的燃料库。正是由于掌握了对火的控制和使用，人类便可以通过热加工的食品获取更多的热量，并加速了人类大脑的发育。

大约在80万年前，人类文明步入智人阶段。对火的控制和使用使人类获得了一种缔造新世界的终极武器。正是借助于火的力量，现代人类才可轻易地化泥土为陶器、化金属为武器、化淡水为蒸汽动力。没有火，便不会有今日的燃气发动机，也不会有各类化学和塑料制品，更不会有建立在芯片基础上的计算机网络信息社会。

依赖石器的制造和对火的掌控，人类的生存环境得到了明显的改善，群体规模呈现出稳定的增长。语言的出现和使用则大大加速了人类群体的演化进程。随着个体、群体与代际信息交流网络构架的建立和扩大，人类社会具有了超越地球所有其他生物的后天优势。从此人类主动开发周围资源环境的社会组织能力得到了极大提升，人类的足迹也逐步遍及全球。

距今大约1.2万年前，大气温度再次升高，冰河随之从大陆向南北两极快速退却。降雨量的增加导致非洲的尼罗河、亚洲的底格里斯河与幼发拉底河、恒河、长江和黄河等大河流域再次展现在人类面前。这些流域丰富的水源和肥沃的土地，构建了人类驯化动植物发育的天堂，并使得人类现代文明的第一颗种子（农业革命）得以自由成长。从此，人类（主体）终于选择了停止漫游的步伐，逐水而居。大规模的驯化动植物技术的使用极大地提高了人类获取能量供应的能力和水平（表1-1）（simmons，1993；安格斯·麦迪森，2003）。随着人口的快速增长，从村落到城镇，从城镇再到国家，现代社会的空间组织形态开始成型。

表1-1　不同时期全球人口、能量投入、人口密度和社会组织方式

时代	时间	人口 (10^6人)	能量投入 （GJ/hm²）	食物收获 （GJ/hm²）	人口密度 （人/hm²）	社会组织方式
石器	10万年前	6	0.001	0.003~0.006	0.04	群落漫游
农耕	公元1000年	267	0.5~2	10~35	1.68	松散定居
工业	公元1999年	6000	5~60	29~100	40.3	高度集聚

数千年的农业积累为人类文明进入下一阶段的发展构建了坚实的舞台。随着对水土两大资源依赖性的不断增强和生物能量获取水平的不断提高，人类对物质和包括各类信息在内的能量空间交换（贸易）的需求也就越强烈。这正是农耕文明发展的必然逻辑，即人类定居的地域越是稳定，满足定居生存方式所需的各类物质与能量空间交流规模也就越大，距离也就越长，人类文明的发展速度也就越快。用一句较为通俗的话来讲，就是人要定（居），物必动。

随着人类对金属制造、火药生产和指南针等技术的掌握，农耕帝国的疆界在不断扩张，"新大陆"的发现使人类走向了新的原始平原开发。18世纪末，人类几乎完全摆脱了石器时代，用金属工具和火药武器装备起来的农民开始入侵原始狩猎者的最后一批据点。

在农业资源开发技术发展和财富积累水平不断提升的同时，人类社会开始转向对更为廉价的农副加工产品的需求与商品贸易利润的追求。此种需求变化极大地刺激了人类社会生产方式的转变。蒸汽机的出现和使用意味着机器化生产时代

的到来。然而，真正推动这一生产方式转变前行的基本动力则来自煤炭这种矿物燃料的大规模开发与广泛使用。

从蒸汽机到内燃机，从水力驱动到电力传动，人类社会最终跨越了生物能量为其生存所设置的门槛。通过矿物燃料+动力装置+机器设备的有效组合，人类最终成功地打破了自身与驯化动物的体能极限枷锁。人类社会从此跨入了工业文明时代。

1.3 地球资源环境基础

从地理学的角度讲，地球资源环境基础指能够影响和作用于人类生存和发展的地球自然物质与条件的总称。换言之，作为一个自然物质能量的集合体，地球正是人们常说的人类生存家园或环境所在，也就是我们所说的地球资源环境基础所在。

1.3.1 基本构成及特点

1.3.1.1 基本构成

地球是宇宙中一个极其独特的星体。在人类已知的数百万颗宇宙星体中，唯有地球如此绚烂多彩。

就人类居住的地球而言，其物质世界是由大气、矿物与水三大基本要素（大气圈、岩石圈和水圈）及相应的再造物（土壤圈）和衍生物群体（生物圈）共同组成（图1-3）。其基本构成如下：

$$M = A + W + R + (L + S)$$

式中，M 为物质世界；A 为大气圈；W 为水圈；R 为岩石圈；L 为土壤圈；S 为生物圈。

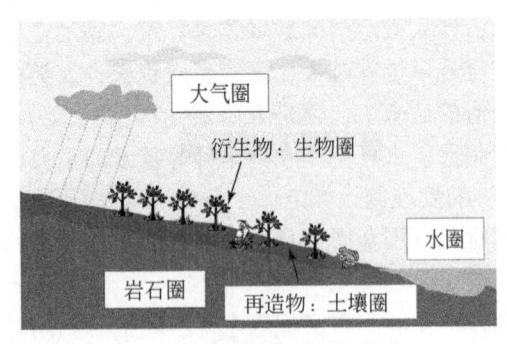

图1-3 地球圈层的基本构成

1）大气圈：空气是地球自然物质组成中最轻的物质，它包围着整个地球表层，成为地球最外面的一个圈层，称为大气圈。大气圈没有明显的上界，在赤道上方高42 000km和两极上方高28 000km的高空仍有大气存在的痕迹。

2）水圈：地球素称"水球"。地表的广大面积被海洋和冰层覆盖，占地球表面积的70.9%。大陆上的湖泊、河流和冰川，土壤和浅部岩石的孔隙也含有一定数量的"地下水"。这样就构成了一个连续循环的水圈。水圈质量约为1400万亿t，体积约为13.6亿 m³，占地球总质量的0.024%。其中的海洋正是孕育地球有机物生命体的摇篮。

3）岩石圈：这是由化学元素所组成的地球刚性外壳层，由于外壳的离散型板块运动与构造，板块组合也就代表了岩石圈。

4）土壤圈：它是大气圈、水圈、岩石圈乃至生物圈长期相互作用的产物。土壤圈构成了岩石圈最外层的疏松矿物组成部分，从而为地表生物诸多群体提供了必要的繁殖和栖息场所。作为由覆盖于地球陆地表面和浅水域底部的土壤所构成的一种连续体或覆盖层，土壤圈犹如地球的地膜，通过它与其他圈层进行形式多样的物质能量交换。

5）生物圈（物种圈）：它包括地球上一切植物、动物、微生物等生命有机体。生物圈是地球上所有生态系统的统合整体，是地球表层的一个基本组成单元，其范围为海平面上下垂直约10km。它包括地球上有生命存在和有生命过程变化与转变的空气、陆地、岩石圈和水。从地质学的广义角度上来看，生物圈是结合所有生物及其关系的全球性生态系统，为生物与岩石圈、水圈、大气圈和土壤圈相互作用的共同体。生物圈是一个封闭且能自我调控的系统。地球是整个宇宙中唯一已知的有生物生存的地方。从已有的研究看，一般认为生物圈是从38亿年前生命起源后演化而来。

以上的各圈便是地球为人类生存和发育所提供的资源环境或物质能量基础所在，也是国家和地区经济发展的资源环境基础所在。从这个意义上讲，作为地球一个生物种群，物质的供应和保障始终是人类社会生存和发展的第一需求。尽管人类社会目前已经开始步入信息时代，但是，人类对资源环境基础的这种依赖程度并未因此而出现丝毫的减弱。相反，随着现代科学技术水平的不断提高和社会消费需求多样化程度的大幅提升，人类对资源环境基础的依赖性反而得到了明显增强。

1.3.1.2 基本特点

1）多样性。自地球开始形成之日起，便开始了其多样性的演化进程。时至今日，这一多样性的演化进程仍在继续。不过，地球的多样性演进具有一个明显的先慢后快过程。

地球——母体形成的时期约为 46 亿年前；

岩石圈——基础的形成大约为 43 亿年前；

原始大气圈在地球母体形成后不久便开始出现，但其演化成现代大气圈（由 78% 的氮气、21% 的氧气和 1% 的其他气体与水蒸气组成）却花费了几十亿年的时间；

水圈大约形成于 38 亿年前；

土壤圈和生物圈开始形成于 6 亿~4 亿年前；

人类圈出现在 600 万~300 万年前（人类圈的文明发展：狩猎文明大约在 250 万年前；农业革命大约在 8000 年前；工业革命大约在 250 年前）。

2）物质不灭性。地球上的所有物质都具有这种特征，其表现主要为质量或"基本粒子"不变与能量不变，或可称为能量守恒（定律）。

3）再生性（循环性）。除了矿物燃料外，地球上的绝大多数的物质都可在一定条件和环境下实现再生。这恰恰是地球物质不灭特征所产生的一种必然的循环方式和形态。例如，动植物死亡后的尸骸经过分解可为新生一代成长提供所需的养分。中国唐代诗人白居易的著名诗句"离离原上草，一岁一枯荣。野火烧不尽，春风吹又生"所讲的正是人们对这种地球物质可再生性的朴实认识。

4）可替代性。从人类对地球资源利用的角度看，地球表层的多数物质同样存在广泛的可替代性。例如，在人类的燃料使用过程中，煤炭取代木材、石油取代煤炭就是很好的证明。

5）流动性。生命在于运动。物质能量的空间流动是维系地球多彩生命的动力来源。火山的喷发不仅为地区表层与内核的物质交换提供了必要通道，也为大气圈物质成分的改造和水汽的循环提供了动力。与此同时，地壳运动造成的地表形态变化改变了大气环流的格局。一个典型事例是，由于青藏高原隆起，东亚季风得到大大加强，从亚欧大陆西北吹向东南的冬季风与西风急流一起，在中国北方"制造"了一个黄土高原。另一个典型事例是，美国国家航空航天局（National Aeronautics and Space Administration, NASA）的卫星测定则表明，非洲撒哈拉沙漠每年通过尘埃搬运的方式向南美洲亚马孙雨林输送 2.2 万 t 植物生长不可缺少的磷。同样地，美国加利福尼亚州的内华达山脉被大片花岗岩覆盖，在这里生长的大片森林在很大程度上依赖于来自亚洲的中国戈壁沙漠和蒙古高原飘浮尘土所提供的生长所需的基本物质和养分。

6）互通性。"资源"与"环境"两个词汇既是全球目前使用频率较高的术语，也是较有争议的术语。客观地讲，"资源"与"环境"两个词汇的内涵存在很大互通性。这里有两个实例可以证明：第一，2010 年 7 月 3 日中国福建的紫金矿业集团股份有限公司发生铜酸水渗漏事故,使当地的农田和河流受到严重污染,成为当年全国瞩目的重大环境污染事件。从资源环境开发的角度看,矿产开发活动的无序扩张会改变其他资源(耕地与淡水)存在的质量或自然属性,从而造成当地自然要素结构与生态系统的失衡,产生环境问题。第二,在人为大规模干预和气候变化影响的双重作用下,1991~2008年全球土地荒漠化以平均每年5万~7万 km^2 的速度扩展,其中,超过20%的耕地、30%的天然森林和25%的草地遭受不同程度的荒漠化威胁,经济损失约合每年4900亿美元。土地荒漠化已成为威胁人类生存的最大生态挑战。与之相比,经历了近30年的大力治理,中国内蒙古西部的库布齐沙漠已有6400多的土地变为了绿洲。这种土地覆被变化极大地改善了当地生态(环境)状况,其中包括增加固碳能力1500多万吨,涵养水源240多亿立方米,释放氧气1800多万吨,沙尘天气减少95%。显然,通过科学合理的土地(草场)资源开发,可以加速所在地生态系统多样化与环境良性发育的进程。上述事例表明,只有当人类不当的资源开发活动和行为引发地表物质能量的交换秩序出现紊乱时,才会产生环境问题。正是这种互为因果的关系,决定了资源与环境两者在地球资源环境基础这一概念中的互通性。

从人类文明的整体进程看,资源也可以被称为原始物质能量存在状态的延续,环境则可被称为人类开发利用后的物质能量存在状态的变异。所不同者,资源存在状态的延续意味着人类文明发育所拥有的无限机遇,而环境存在状态的变异则意味着人类文明发育所面临的巨大挑战。这正是现代大规模资源环境开发利用所产生的极化效应的基本内涵所在。因此,如何把握和处理好资源与环境两者间的互通性,将成为人类未来持续发展的关键。

1.3.2 空间分布与类型划分

1.3.2.1 空间分布

在这里,空间分布指各类资源的空间分布状态和基本特征。就人类可利用的关键资源而言,其空间分布特征大体可分为遍在性和收敛性两大类。

1)遍在性。顾名思义,即几乎无处不在,且易于为人类开发利用的自然资源,如建筑用的沙石、土地、淡水、空气及各类植物等。通常,这类资源具有面状或片状分布的特点。

需要指出的是,作为人类生存和发展的基础资源,水土资源的空间分布还具有一定的集中趋势。从全球各大洲的情况看,通常适宜人类生存和居住的土地大都分布在沿海地区，内陆则是山地、台地、冰川和沙漠等土地类型的集中场所。

2）收敛性。通常指那些空间分布相对集中，且较难于为人类直接开发和利用的自然资源，如各类矿产资源、矿物能源等。这类资源的分布往往具有明显的点状特征（表1-2）。

表1-2 1999年世界主要矿产资源的空间收敛系数特征

指标矿种		数量集中度（%）(1)	面积集中度（%）(2)	空间收敛系数(1)/(2)	空间收敛系数比值（主导矿产为1）
能源矿种	煤炭	71.1	33.07	2.15	1.0
	石油	63.7	3.33	19.13	8.9
	天然气	62.7	15.97	3.93	1.8
	铀	70.1	16.33	4.29	2.0
金属矿种	铁矿石	67.6	33.17	2.04	1.0
	铜矿	58.8	22.29	2.64	1.3
	铝土矿	72.0	14.88	4.84	2.4
	钴矿	96.5	6.84	14.11	6.9

资料来源：张雷，2004

1999年世界煤炭、石油、天然气和铀四大能源矿种的空间收敛系数为2.15、19.13、3.93和4.29，而铁矿石、铜矿、铝土矿和钴矿四大金属矿种的空间收敛系数为2.04、2.64、4.84和14.11。若在此基础上进行空间收敛系数比值的比较（通常，是以各类矿种中的传统主导矿产为1来计算），就不难发现，在能源和金属两大类抽样的八大矿种中，资源的空间分布完全遵循着从传统类型向新兴类型逐渐集中的明显收敛指向特征。例如，在能源类矿产中，传统类型煤炭资源的空间收敛系数为2.15。与之相比，石油和天然气这类现代能源矿种的资源的空间收敛系数则是煤炭的1.8~8.9倍。

同样地，作为传统金属类矿种的铁矿石，其资源的空间收敛系数为2.04。而现代类型的铝土矿资源和新兴类型的钴矿资源的空间收敛系数是铁矿石的2.4~6.9倍。

1.3.2.2 类型划分

与其他物种的进化相比，人类社会的发育在利用地球资源环境过程中既存在共性的一面，也存在个性的一面。

就共性的一面而言，物质能量的获取始终是人类社会与各类物种生存和发展的共同需求。就个性的一面而言，其他物种的物质能量获取往往依赖于一两种资源要素。例如，食草动物的演化是在草场和水源两大资源要素的共同支撑下展开的，而水生动植物的进化则只能在稳定水源供应的地方进行等。与之相比，人类社会的发育则需要在更为广阔的空间展开，因此，在人类社会的发育进程中，其足迹已经快速从单一要素跨越到包括淡水、耕地、草场、森林、矿产和能源等在内的整个地球资源环境领域。实际上，由上述六大要素所组成的物质世界就是人类文明的进步与发展的资源环境基础所在，同时也是人地关系的基本内涵所在（图1-4）。根据对人类文明进步的作用，上述资源环境要素可以划分为生存要素和发展要素两类（图1-5）：

第一，人类文明生存要素包括淡水、耕地、草场和森林四大资源环境要素；

第二，人类文明发展要素则包括能源和矿产两大资源环境要素。

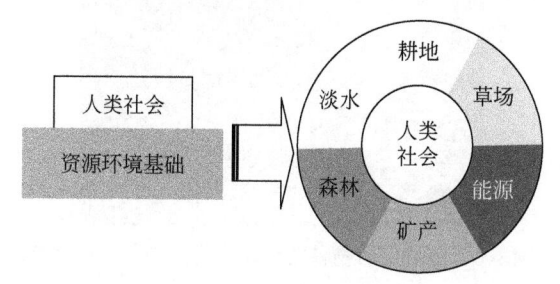

图 1-4 资源环境基础的类型划分

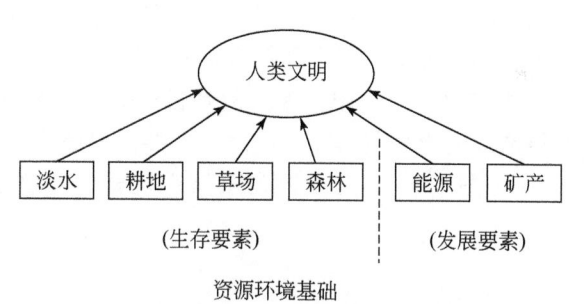

图 1-5 人类文明发展的资源环境基础分类

1.4 资源环境开发

1.4.1 地球行为法则

作为宇宙中的一个生命体，地球自诞生以来就形成了自身的成长规律。本书把这种地球生长规律称为地球行为法则。

| 国家人地关系演进的资源环境基础 |

生命在于运动。地球的生命恰恰在于地球围绕太阳运转与自身有规律的自转运动。这种公转加自转的常态运动共同决定了地球的基本行为法则，即日有昼夜之差、年有四季之别、物有生死之道、事有利弊之分（凡事有利有弊）（图1-6）。

图1-6 地球生命物种的活动行为法则：昼夜之差

地球上的所有生命物种均需按照这一地球行为法则生存和演进，否则其物种将会被无情淘汰。人类社会的文明发育也不例外。作为一个终生与地球自然资源环境相伴的生命物种，当人类沉湎于不断扩大资源环境的开发规模来增强自身社会福祉时，也会产生相应的负面作用，因而遭到自然界的报复便成为一种必然，如大规模的耕作开垦造成的土地荒漠化。这就是人类资源环境开发活动所产生的极化效应的基本内涵（图1-7），是人地关系演进过程中无法逾越的地球行为法则。

图1-7 人类大规模资源环境开发极化效应

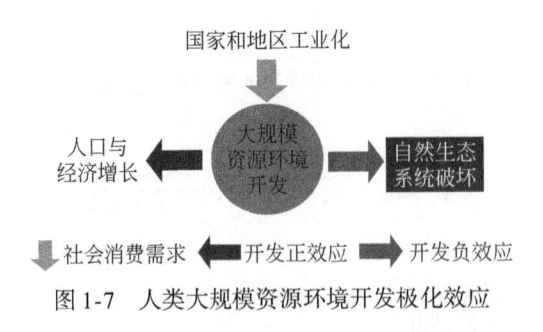

人类文明的演进历史表明，人类社会发育的现代化程度越高，对资源环境开发的依赖程度越大，资源环境开发极化效应所造成的挑战也就表现得越强烈。

客观地讲，现代技术的进步确实为人类社会开拓了更为广阔的生存和发展空间。然而，与漫长的自然资源环境生成与演化历史相比，现代技术的成长只有不足 300 年的历程。显然，与经历了数十亿年进化发育的地表生态系统相比，人类现代技术的发展依然显得十分"幼稚"和"粗放"。实际上，正是现代技术这种"幼稚"和"粗放"，才导致了人类大规模资源开发的极化效应。一方面，以能源矿产为主的工业化生产大大加快了人类社会的财富积累程度［人口与国内生产总值（gross domestic product，GDP）增长］；另一方面，迅速扩大的生产能力和低下的资源利用效率（目前，人类的能源使用效率不足 40%，物质的循环使用率不足 50%，详见图 1-8）则产生了巨大的资源环境破坏效应，以致严重威胁目前人类自身的生存和发展。

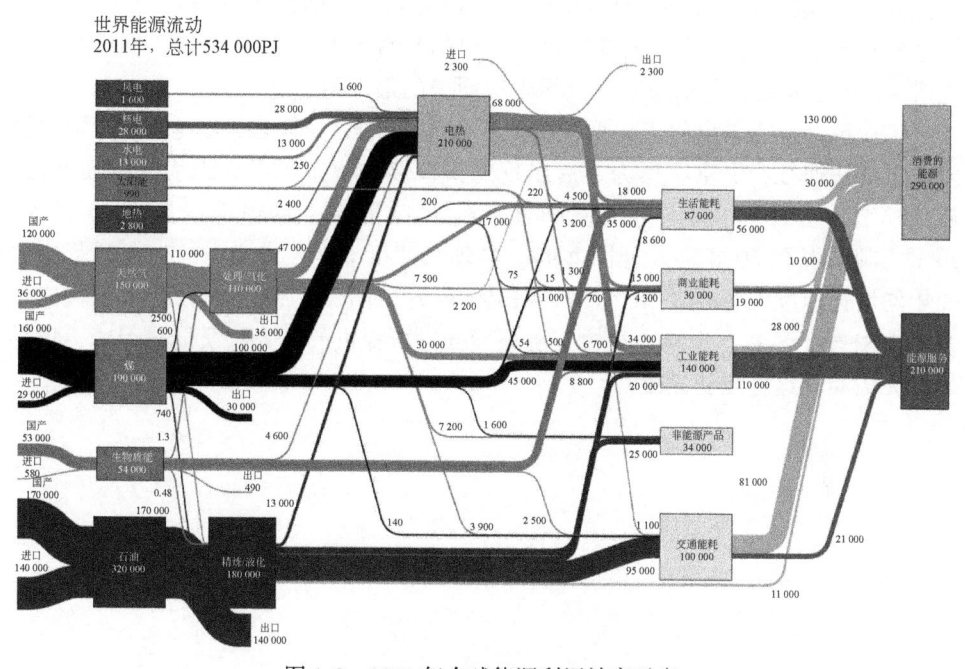

图 1-8　2011 年全球能源利用效率示意

遗憾的是，由于缺乏对地球行为法则的深刻认识，人类社会至今对其文明发育所产生的资源环境开发极化效应无法形成广泛的共识。正因如此，在大规模地球资源环境开发所产生的财富收获和代价付出两者的认知方面，目前人类社会对前者的肯定程度远高于后者。

1.4.2　文明发育的收获

依赖不断扩大的地球资源环境开发规模，人类社会的文明进步取得了超乎想象的成果。总体而言，人类大规模地球资源环境开发利用的收获主要表现在人口规模扩张、经济总量增长、商品贸易发展、产业结构演进与城市（镇）化发育5个方面。

1.4.2.1 人口规模扩张

按照基本满足以狩猎、捕鱼和采集野果为生的人类所需的生存空间计算，农业革命以前地球上的人口总数不会超过2000万人。多数人口专家认为，当时世界人口总量在200万~1000万人更为实际（大卫·克里斯蒂安，2007）。

对新石器的掌握在很大程度上改善了人类的生存环境。农业革命的最终结果是使人口规模突破了旧石器时代的极限。到工业革命前的1750年，全球人口可能达到6.5亿~8.5亿人。而此时世界人口的80%集中在亚欧大陆。从某种程度上讲，8.5亿人是农业革命阶段世界人口历史的最大值。

工业革命标志着世界人口增长进入一个崭新阶段。建立在大规模矿产资源开发之上的快速社会财富积累为之后出现的人口爆炸奠定了更为强大的物质基础。从规模增长上看，1850年世界人口便达到了11亿人，1950年上升至25亿人，2000年则增长到60.8亿人（图1-9）。从增长速度上看，1750~1850年世界人口的年均增长速度仅为0.33%，1851~1950年为2.47%，1951~2000年则快速上升至2.81%。显然，没有大规模资源环境开发所提供的巨大物质能量保障，世界人口无法实现这种增长速度。

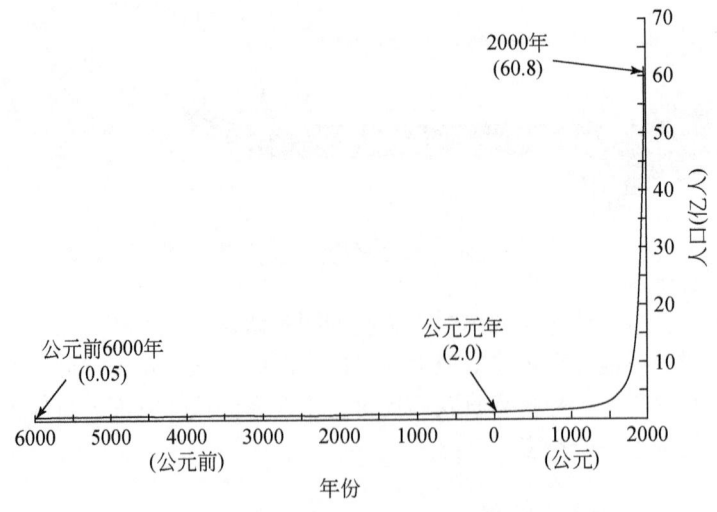

图1-9 公元前6000~公元2000年全球人口增长

1.4.2.2 经济总量增长

按1990年美元（盖-凯美元或国际购买力评价标准，下同）不变价格计算，估计农业革命以前人均GDP不足100美元，完全用于维持人类生存的最基本食物保障。

进入农业社会后，人均食物供应和居住条件有了一定程度的改善，人均GDP在300~400美元，最大可能为350美元。尽管如此，人类社会生产还只能维持极为一般的生活水准，因此还谈不上财富积累。

进入工业化社会后，人类社会财富的积累速度则出现了大大加快的趋势。1850年，全球GDP总量接近0.9万亿美元，人均GDP较工业革命前增长了约30%，达到了近800美元。1950年全球GDP总量超过了5.3万亿美元，人均GDP则升至2110美元。2000年全球GDP总量接近37.0万亿美元，人均GDP则突破了6000美元（图1-10）。从年均增速上看，GDP总量的增长远高于人均GDP的增长。1750~1850年，世界GDP总量的年均增速为0.8%，为同期的人均GDP的增速的3.2倍。1851~1950年，世界GDP总量的年均增速为5%，而同期的人均GDP的增速仅为1.7%。1951~2000年，世界GDP总量的年均增速升至11.8%，而同期的人均GDP的增速仅为3.7%。显然，自工业革命以来，社会财富积累的速度远快于人口增长的速度。

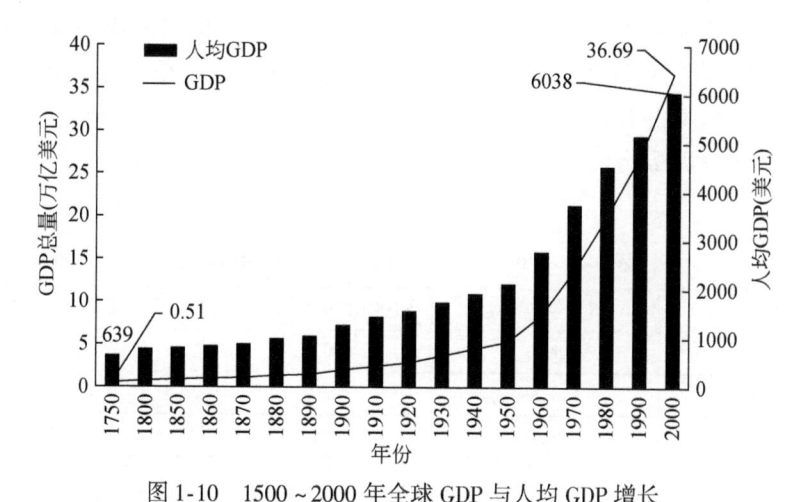

图1-10 1500~2000年全球GDP与人均GDP增长

1.4.2.3 商品贸易发展

历史发展表明，商品贸易始终伴随着人类文明发育的整个进程。

随着资源开发能力的增强、人口规模的增长与集聚水平的提高，社会生产中可用于交易的产品规模日益扩大，品种也日益增多，商品贸易便成为人类财富创造的必然与必要组成。尽管存在巨大的地理环境障碍与羁绊，为了满足对财富增长的追求，人类社会还是坚持着长期不懈的投入，将商品贸易的流动空间从局地疆域扩展至全球范围。

在农耕社会初期，商品贸易就已经出现。虽然此时的商品贸易规模很小，且仅存在于有限的空间范围，但这种有限的地域商品交易却为之后社会组织的升级（从部落到城邦再到帝国），乃至文字（如楔形文字）和数字（如阿拉伯数字）的发明与使用提供了必要动力和坚实基础。

进入农耕社会中期后，帝国的出现与成长为商品贸易的空间扩展提供了有力的组织保障，而商品贸易的发展则成为维系大陆帝国生存与扩张的重要手段，特别是在亚欧大陆地区，如中国汉代时期开辟的横跨亚欧大陆的丝绸之路和以中东阿拉伯世界为中心建立的印度洋海运商贸通道。15世纪末哥伦布的地理大发现（1492年）更是开创了人类商品贸易的新纪元。从此以后，人类社会开始进入了商品贸易全球化时代。

自工业革命以来，商品贸易迅速扫遍了全球所有角落。随着现代资源环境开发方式的快速推广和地域专业化生产程度的快速提升，商品贸易最终从全球财富增长舞台的边缘位置走向了中心区域。相关数据表明，全球工业化初期（1701～1800年），商品贸易占GDP的比例仅有7.2%，到了全球工业化中期（1801～1900年）时，商品贸易占GDP的比例也仅达到17.9%，但是一进入全球工业化成熟期，商品贸易占GDP的比例便迅速升至46.5%。更为重要的是，自1500年以来，全球贸易的增长速度始终保持着高于同期GDP的增长速度，因而成为推动世界经济发展的主力引擎（安格斯·麦迪森，2003）（表1-3）。

表1-3　1701～2000年全球贸易与GDP增长　　　　　　　　（单位:%）

时期	贸易年均增速	GDP年均增速	贸易额占GDP的比例
1701～1800年	1.2	0.7	7.2
1801～1900年	6.8	2.2	17.9
1901～2000年	47.0	17.5	46.5

1.4.2.4　产业结构演进

如果说人口规模的扩大、经济总量的增长和商品贸易的发展三者集中体现着人类社会进步的物质财富产出与积累状态，那么产业结构演进便无疑代表着驱使人类社会财富增长与积累的基本动力来源。之所以有此结论，是因为产业结构演进不仅代表着人类社会财富产出的多元化进程，或者说社会财富产生是通过何种部门来实现的，更重要的是产业结构演进揭示了人类社会进步过程中资源环境投入的主导要素更迭及极化效应的差异。因此，就人地关系问题的研究而言，产业结构演进所起的作用要比人口规模与社会经济总量（GDP）的增长方面表现更为明显。

一般而言，古代时期支撑人类社会进步的资源环境要素投入相对单一，其基本模式可以表达为

古代时期资源环境要素投入组成＝土地（耕地与草场）＋淡水

从这一要素组成模式出发（图1-11），包括湖泊在内的河流流域土地资源开发便理所当然地成为国家起源及其延续的最佳场所。古代人类文明大都诞生和成长于江河流域的根本原因便在于此。

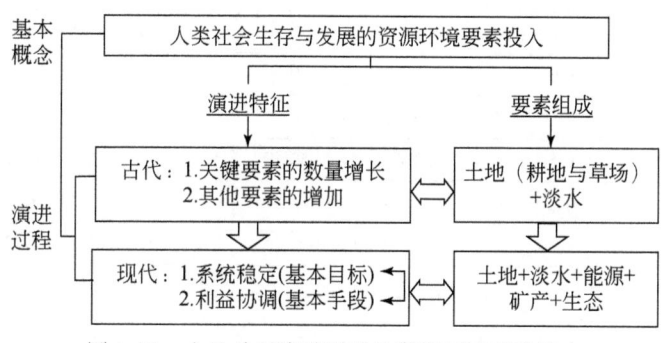

图1-11 人地关系演进进程的资源环境要素投入

进入现代时期以后，人类社会进步的资源环境要素投入发生根本性改变，从而引发了资源环境要素投入构成的重大变革。大规模的能源与矿产资源的投入不仅推动了人类社会生产与消费结构多元化的发展，而且在极化效应的作用下极大地改变了原始地球的生态系统。据此，现代人类社会进步的资源环境要素投入组成模式可以表达为

现代时期资源环境要素投入组成＝土地＋淡水＋能源＋矿产＋生态

尽管在产业的划分方面尚存在某种程度的差异，但三大产业已经成为目前世界各国所普遍接受的经济结构划分方式。这种划分的科学性在于，它不仅清晰地表明了人类文明的发展过程，而且也明确地展示了实现这种发展过程的资源保障基础特征。在这里，淡水与土地资源通常承载的是以农业为主的第一产业发展；能源（矿物燃料）与矿产资源通常支撑的是以工业为主的第二产业发展，并与人力资本投入一道共同托起了以服务业为主的第三产业发展。

对人类社会发展而言，工业革命最大的贡献在于它成功地实现了社会生产物

质投入的主体由土地与淡水两大资源转变为以能源与矿产两大资源为主的多元结构。作为这种资源环境要素投入主体转换的必然结果，社会产出（GDP）中的农业主导地位先让位于工业部门（制造业），然后再由服务业部门取代制造业。从全球工业化进程的实践看，国家和地区资源环境开发程度越深，社会财富积累程度越高，其产业结构的多元程度也越高。例如，1900 年全球财富产出三次产业的比例为 69.5：10.1：20.4，但到 2000 年时这种比例变为 3.6：28.7：67.7。相应地，产业结构多样化演进系数也从 1900 年时的 1.44 快速上升至 2000 年时的 27.8（表 1-4）。

表 1-4　各国工业化前后产业结构比较（结构多元化系数法）

国别	农业社会	工业社会（2000 年）
英国	1.33（60.0：11.0：29.0）1750 年	100.0（1.0：27.3：71.7）
法国	1.80（51.0：22.0：27.0）1800 年	34.5（2.9：22.9：74.2）
德国	1.90（53.0：16.0：31.0）1820 年	76.9（1.3：30.5：68.2）
美国	1.50（67.0：10.0：23.0）1800 年	83.3（1.2：23.4：75.4）
中国	1.50（67.4：15.3：17.3）1950 年	6.6（15.1：45.9：39.0）
印度	1.51（66.2：9.2：24.6）1950 年	4.3（23.1：26.1：50.8）
全球	1.44（69.5：10.1：20.4）1900 年	27.8（3.6：28.7：67.7）

注：（ ）中为 GDP 中的三次产业比例；按 1900 年盖－凯美元计算；表中数据未包括港澳台在内

资料来源：世界银行数据

作为现代人类社会生产的基本组成部门，农业、工业和服务业（即第一产业、第二产业和第三产业）三大产业虽然在自然资源的开发和利用上存在着共性的一面，即均在寻求资源投入的产出最大化。但是，由于加工或服务对象的差异，各自发展所依赖的资源投入主体方面则不尽相同。

以农作物种植、采集（收集）和初加工为主的农业几乎完全建立在淡水与土地两大资源开发的基础之上。以人文和自然资源为基础的第三产业对土地资源的占用远不及农业，但却高于第二产业。工业生产在淡水和土地两大资源的投入需求方面比农业和服务业低，但在矿产资源的投入需求方面却远高于第一产业和第三产业（表 1-5）。因此，当国家或地区社会经济发展从以农业生产为主向以工业制造业生产为主的生产类型转变时，其过程就会表现出明显的能源与矿产两大资源的高消费（投入）特征，因而造成能源和矿产两大资源消费需求生命周期曲线的急剧上扬。一旦这种结构转变接近完成时，矿产资源的社会需求增长便开始出现减缓，并逐步进入平稳增长阶段。当国家或地区社会经济步入以教育、信息、旅游及政府管理行为为主的服务业发展阶段后，能源与矿产两大资源的消费需求生命周期曲线延展最终出现下降趋势（图 1-12）。

表 1-5　社会生产部门的资源直接占用构成　　　　　（单位:%）

资源种类	社会生产总占用量	农业	工业	服务业
淡水资源	100	68~70	16~17	13~14
土地资源	100	86~90	3~4	7~10
矿产资源	100	>1	94~95	4~5
矿物燃料	100	3~5	65~70	27~30

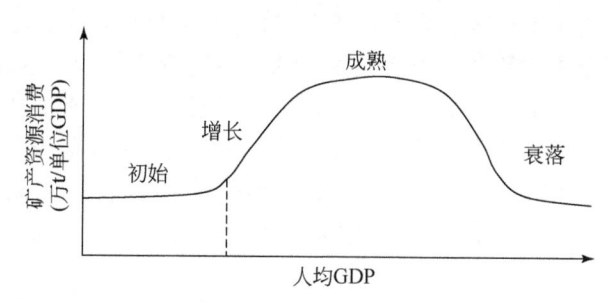

图 1-12　矿产资源消费需求生命周期示意（时间定义域）

1.4.2.5　城市（镇）化发育

种群的集聚天性决定了人类社会在长期资源环境开发过程中对人文景观建造的不断追求和创新，而城镇（市，下同）化的产生、成长和演进正是这一追求和创新的集中体现。实际上，作为一种自然景观的再造和延伸，城市化的发展完全取决于人类利用与开发自然资源环境的程度。

新石器时代，农业革命不仅改变了人类的生产方式，而且也改变了人类的生活方式。人类开始从不断的迁移生活方式转变为定居的生活方式。大约在公元前5000年，随着手工业和商业的发展，一部分原始农耕居民点逐渐扩大成为所在地区社会活动的中心，于是便形成了早期的城市。

在有限的矿产资源利用和开发时期，以淡水和土地两大资源为本的农业社会产出能力只能维持低水平的城镇化发展。在这种低发展水平时期，城镇的数量少、规模小。例如，13世纪欧洲的城镇居民很少超过5万人。此外，城镇的空间分布大都集中在农业发达地区。当然，在农业发达、交通方便的地区也曾建立起大的城市。例如，公元前1~公元2世纪的罗马城人口超过100万；中国西晋时的洛阳城、隋唐时期的长安城、南宋时的临安（今杭州）城，均有数十万至上百万人口。尽管如此，工业革命以前，城市对孕育自己的母体——农业社会生产始终保持一种依附的关系。

进入工业革命以后，城镇的发育开始进入了一个新的阶段，城市化的浪潮迅速席卷了整个地球。其结果是，世界的人口城市化出现了前所未有的增长，特别是20世纪50年代以来。根据联合国的数据，全球人口城镇化比例（按城镇人口为5000人计算）在1800年尚不足5%，到1900年也未曾超过10%。进入20世纪50年代以后，全球城市化进程明显加快。2000年，全球人口城镇化率已经达到了47%。

从人地关系演进的角度看，城镇化发育从来都不是一个简单的"人口从农村地区向城市地区的迁移过程"，而是一个更为复杂的"人类社会活动及各类生产要素从农村地区向城市地区的集聚过程"。在这种集聚过程中，城市功能的多元化发展便成为划分古代和现代城市化发育两个不同阶段的最基本表征和分水岭。在古代农耕社会，城镇的基本职能主要体现在集聚生活+集聚消费。进入现代工业社会后，城镇的基本功能在继承了古代时期的集聚生活和集聚消费的传统功能的基础上，极大地发展了集聚生产和集聚污染的新功能（图1-13），因而从根本上改变了传统城镇发育对单一产业的依附，最终占据了国家和地区社会经济活动的主导地位。

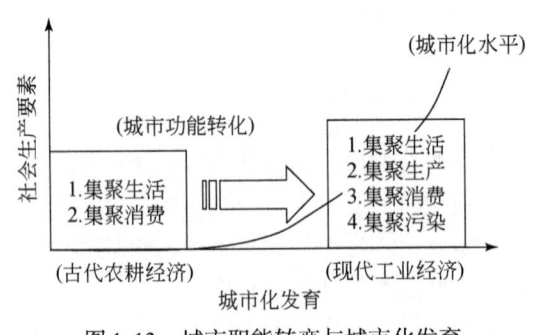

图1-13 城市职能转变与城市化发育

以美国最大的城市纽约为例，尽管市域面积不足美国国土总面积的0.01%，但该市却集聚了全国2.75%的人口，贡献了全国7.56%的GDP，消耗了全国1.8%的能源和4.4%的淡水，排放了全国2.9%、2.9%和6.6%的二氧化碳、污水和固体废弃物。

从人类社会活动的空间组织发育看，城镇是第二产业、第三产业发展的空间集聚场所，因此，城镇化的发展状态便代表着整个社会生产结构的演进程度。以此延伸至人地关系的演进，城镇化的发展则意味着人类的资源环境开发活动已经从以生物资源利用为主转入以能源矿产资源利用为主的阶段。换言之，在工业化发展阶段，城镇化发育水平的高低直接决定着资源环境的投入状态和占有程度。由于目前历史资料的获取还不具有可能性，尚无法进行大时间尺度的全球城镇化发育与资源环境占有程度的对比（即古代农业社会与现代工业社会的对比）。但是，若考虑到世界现代城镇化发育和资源环境消费方面存在的巨大地区差距，依然可以从不同类型国家的对比研究中得到印证。为此，这里以不同收入国家的主要生物资源和能源矿产的消费水平为代表进行有关城镇化发育水平的对比研究。

分析的结果表明，在全球现代化进程中，城镇化发育程度不仅决定着国家间人均社会财富的拥有状态，也决定着主要资源环境要素的消费水平或占有程度（张雷，2004；张雷等，2009）（表1-6）。结论是显而易见的。国家城镇化的发育程度越高，其社会财富产出的能力也就越强，主要资源环境要素的占有水平也就越高。

表1-6 1997年全球城镇化发育与主要资源消费分配

项目		低收入国家	中等收入国家	高收入国家	全球水平
总人口（亿人）		35.2	15.0	8.9	59.0
城市化率（%）		28.0	49.0	76.0	46.0
人均GDP（美元）		350	1 890	25 700	5 130
人均消费	食物总热量摄入（kcal/d）	≤2 500	(2 500~3 000]	>3 000	2 700
	石油 [kg/（人·a）]	323	2 574	5 670	680
	煤炭 [kg/（人·a）]	358	568	1 270	548
	铁矿石 [kg/（人·a）]	358	568	1 270	548
	铝土矿 [kg/（人·a）]	69	162	451	150

资料来源：The World Bank WDI Database (1999); BP Statistical Review of World Energy June 2017

物质能量的空间集聚为城镇化的快速成长提供了源源不断的养分和动力，并极大地改变了人地关系演进的时空结构。

1）在空间结构方面，无论是城镇个体还是城镇总体所表现出的强烈空间外向扩张能力均起到了决定性的影响。

就城镇个体而言，虽然现代城镇的发育往往起源于传统农业生产时期的农村居民点，但是在工业化的强力推动作用下，仅用数十年便可完成向其周边的大范围推进，并最终成为左右所在区域的人地关系演进的核心组织者。此方面的一个很具说服力的例证便是美国的芝加哥。芝加哥1837年设市，面积仅有2km^2，人口约为4170人。但经过了100多年的快速扩张，20世纪60年代中期该市的面积已经超过了110km^2（图1-14），人口接近200万人，成为北美大陆最大的期货贸易中心和重要的工业制造基地。

就城镇整体而言，同样是如此。1830年北美4000人以上的城市数量不足70座，城市人口为1500万人，主要分布在北美大陆的东北部地区。当时的大城市

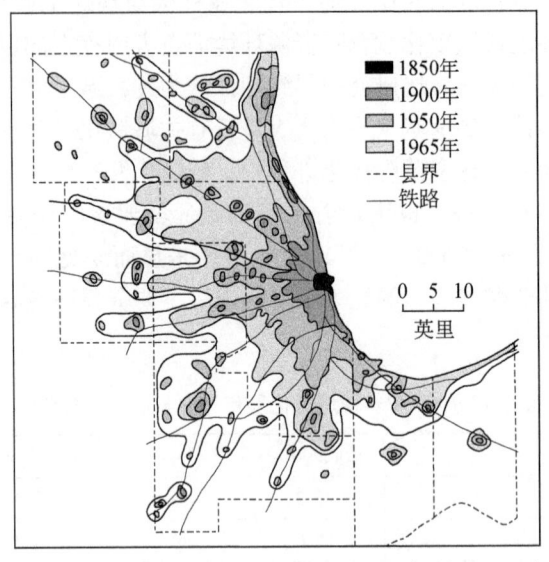

图1-14　1850~1965年美国芝加哥空间扩散过程示意

如美国的纽约（20.2万人）、费城（16.1万人）、巴尔迪摩（8万人）、波士顿（6.1万人）全部集中分布在美国东北部地区的大西洋沿岸。20世纪初，北美城市空间分布有了明显改变，整个东部地区城市体系的发育已经开始初具规模。进入70年代，北美大陆城市体系发育完全进入成熟期。尽管此时东北部地区仍然占有明显主导地位，但根据整个国家人口空间分布的状态看，美国中部和西部地区城市发育已经进入了相当成熟的时期。

2）在时间结构方面，城镇化的发展不仅改变了人类社会的生产方式，而且也改变了人类社会的生活方式，并最终使人类社会完全摆脱了地球行为法则的束缚。

与地球上其他多数物种一样，人类长期保持"日出而作，日落而息"的生活习惯。然而，随着工业化的快速发展和对能源矿产开发利用能力的不断提升，这一原始生活习性迅速被"日出而作，日落也作"的现代生活方式替代，而不断营造着这种现代生活方式的环境正是现代城镇化的发展。

2000年美国国家航空航天局拍摄了一幅名为"夜色下的地球"的精美遥感图片（图1-15）。图片清晰地显示，在沉沉黑夜，地球陆地表层的众多部分却是白光点点，大有"疑是银河落九天"的感觉。在地球表层的点点繁星之中，以城市化发展程度最高的北美和欧洲大陆最为耀眼。试想，若没有庞大的现代能源矿产开发、生产与供应系统，人们如何来发展和丰富自己的夜生活。实际上，正是这种生活习性的改变使人类彻底地摆脱了原始动物种群的行列，成为地球上一个最具时间自主性的特殊生命物种。

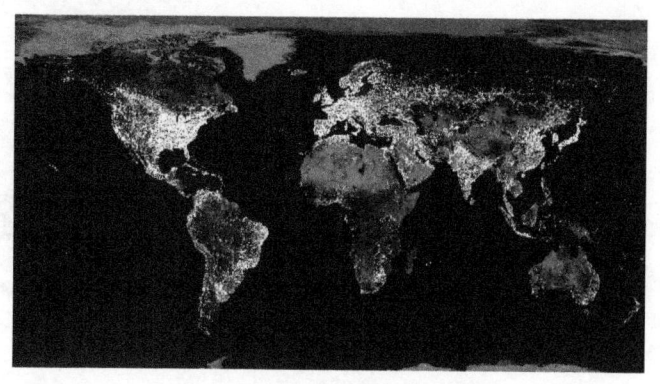

图 1-15　2000 年夜色下的地球

如此有悖于地球行为法则的人口集聚方式（城镇化）的发展，人类未来的文明之旅究竟能走多远？这一问题不能不引发人们的深切反思。

1.4.3　开发的代价

与收获相同，人类大规模开发利用矿产资源所付出的代价也有一个逐渐增大和积累的过程。例如，从石器时代到金属时代，经历了数千年的农业革命，欧洲的广袤原始森林变成了大片的麦田，绿色的西方变成了金色的西方。同样地，中国长江中下游地区也从无垠的沼泽地成为桑基鱼塘的富庶之乡。这种土地覆被和利用的变化不仅从根本上改变了这些地区的自然景观，而且也从根本上改变了原有的地表自然能量交换形式。

如果说，因为缺乏可信的基础数据，对农业社会矿产资源利用和开发所付出的代价尚无法做出明确的判断，那么，当人类进入工业化社会后，大规模的能源与矿产资源利用和开发所付出的代价则成为有目共睹的事实。这种代价就是整个人类生存环境的恶化，其主要代表便是大气环境恶化、水环境污染和固体废弃物排放。

1) 大气环境恶化。长期的开发实践表明，这种恶化主要通过化学与物理两种途径来实现。

第一，化学途径。由于大量碳排放破坏了原有大气化学结构的稳定，全球气候变暖的趋势日趋明显。有关研究显示，1990~2000 年，地球表面的平均温度明显上升，仅在过去的 40 年中，平均气温就上升约 0.3℃（图 1-16）。

气温升高所带来的直接后果就是洪涝、飓风、海啸等气象灾害的增多，各类生命及财富损失越来越大。2004 年 12 月南亚和东南亚地区的海啸不仅破坏了当

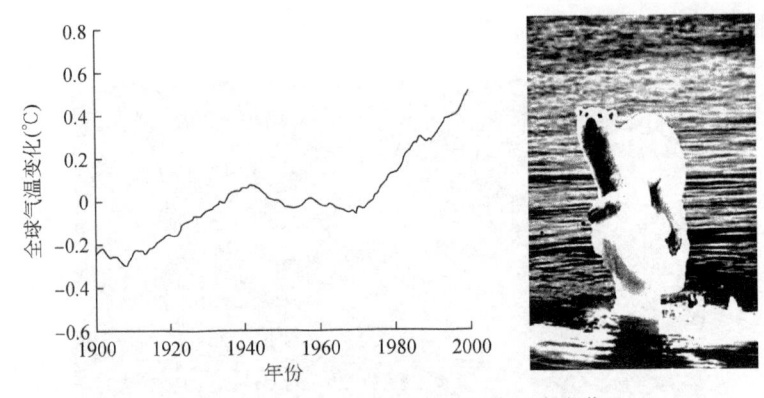

图 1-16　1900~2000 年全球平均温度变化

地基础设施，使得 160 余万居民无家可归，而且还为蚊子创造了广泛的繁殖地。2005 年 1~4 月，安达曼群岛的疟疾发生率上升了数倍。

第二，物理途径。主要是由各类矿物燃料使用的粉尘与颗粒物排放所造成的近地层大气环境质量的恶化，其中最具代表性的就是近年来我国的雾霾天气过程（图 1-17 和图 1-18）。

图 1-17　2013 年 1 月中国北方地区雾霾

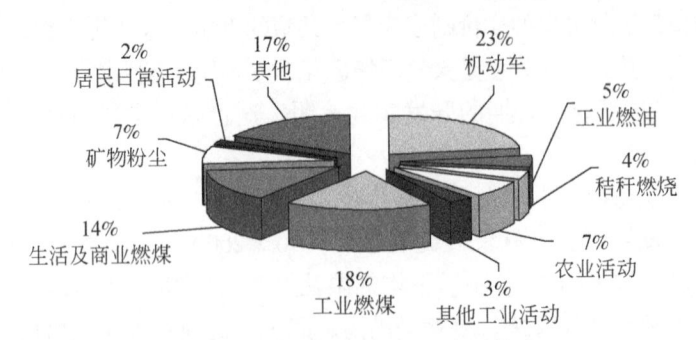

图 1-18　2013 年北京 $PM_{2.5}$ 来源构成

根据中国气象局发布的消息，2013 年全国平均雾霾天气日数较常年同期增加了 2.3 天，是自 1961 年以来最多的一年。雾霾集中地主要在京、津、冀、晋和黄淮一带，部分地区最长持续了 20 天左右。另据报道，2013 年北京不健康、极不健康和有毒害（AQI[①] 为 150 以上）的天数已占到全年的 32%（图 1-19）。

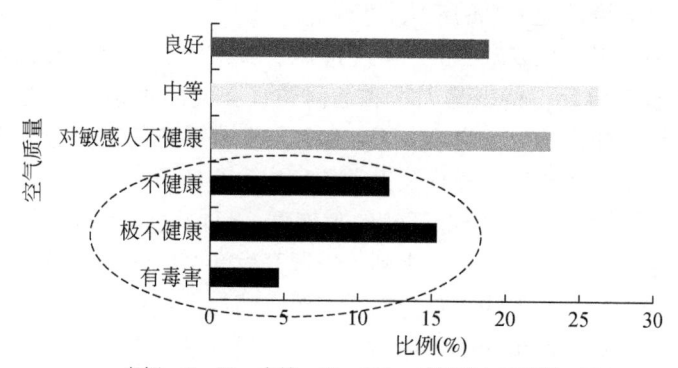

良好：0～50；中等：51～100；对敏感人不健康：101～150；
不健康：151～200；极不健康：201～300；有毒害：300 以上

图 1-19　2008～2013 年北京空气质量指数日均值

另外，根据清华大学的一份研究报告，如此大气污染已使中国北方居民的预期寿命减少 5.5 年。遗憾的是，大气污染的影响不仅限于中国北方。近 50 年来，广州年灰霾天数以每 10 年 16.4 天的速率增长，灰霾造成的呼吸道疾病发病率比平时增加了 15% 左右（曾四清等，2012）。

2）水环境污染。同大气的温室效应一样，水环境污染也是 21 世纪全球人类生存所面临的重大挑战之一。这一挑战主要来自淡水资源的短缺和水生生态环境的破坏两个方面。

总体而言，淡水资源的短缺是由先天发育和后天发展两个条件的合成结果而造成的。从世界范围看，淡水资源的供应是充分的。但是，由于淡水资源的时空分布极不均衡，特别是与人口的分布状态极不吻合，淡水资源的不足成为相当多数的地区和国家发展的制约因素。

第一，水资源短缺。淡水资源的短缺是资源供给能力和攫取需求之间失衡所产生的一种必然结果。根据联合国的淡水资源短缺评价标准计算，世界上有 1/3 以上的人口处在中等至严重水源紧张状态中。据估计，到 2025 年时，中等和严重缺水的人口将增至世界人口的 2/3。严重的问题还不仅于此。

第二，水污染。目前许多发展中国家正在面临各种水污染问题，如富营

[①] AQI（air quality index），即空气质量指数。

化、贵金属、酸性、难降解有机污染物（persistent organic pollutants，POPs）等，更不用说未经处理的大部分生活污水。这种情况在快速城市化发展地区显得尤为突出。更为糟糕的情况是，作为城市用水主要来源之一的地下水同样没有逃脱被污染的厄运。遗憾的是，在能源矿产开发和利用基础之上的矿业开发、矿产品加工和制造业生产恰恰是地下水的最大污染源。

第三，建坝。工业化以来，为了农业灌溉、城市生活、改善航道和能量获得所进行的各类水工建设，特别是大坝和运河建设，使淡水系统蒙受了巨大的损失。这些水工设施建设不仅彻底改变了陆地表层淡水系统的动力循环方式，而且直接破坏了其水生系统物种多样化及人类自身的生存环境。

3）固体废弃物排放。从资源开发的角度看，目前全世界每人每年直接消耗的矿产资源数量在 2~16t。如果考虑到由资源开发和基础设施建设所造成的水土流失等隐性消费物，那么人均每年的矿产资源总消耗数量将达到 4~42t。这些隐性消费物对环境变化所产生的影响远超出人们预料（表1-7）。

表1-7 典型矿业生产部门的基本环境影响

部门	大气	水	土壤/土地
化学制品 （无机和有机化合物，不包括石油产品）	颗粒物：SO_2、NO_x、CO、CFC_s、VOC_s 和其他有机化学品气味的排放	生产用水和冷却水使用； 有机化学品、贵金属、悬浮性固体物、有机物质及 PCB_s 的排放	化学生产废料处理； 空气和水污染处理产生的污泥处理问题
建筑材料 （水泥、玻璃、陶瓷）	水泥：粉尘、NO_x、CO_2、铬、铅、CO； 玻璃：铅、砷、SO_2、钒等； 陶瓷：二氧化硅、SO_2、NO_x、氟化物	油和贵金属污染的生产用水排放	原材料的提取； 金属和废物造成土壤污染的处理问题
金属采掘	生产及运输中的粉尘排放； 净矿砂干燥时产生的金属排放	高酸性废矿水对地表及地下水的污染； 金属采掘中所用的化学品污染	大规模的地表破坏和侵蚀； 熔炼废渣造成的土地退化
黑色金属压延	SO_2、CO_2、硫化氢、PAH_s、铅、砷、镉、铬、铜、汞、镍、硒、锌、有机化合物、$PCDD$/$PCDF_s$、PCB_s、粉尘、颗粒物质、碳氢化合物、酸雾的排放； 接触紫外线和红外线辐射、电离辐射	生产用水的使用； 有机物质、焦油和油、悬浮性固体物、金属、苯、酚、酸、硫化物、硫酸盐、氨、氢化物、硫氰酸盐、氟化物、铅、锌的排放	炉渣、污泥、油脂残渣、碳氢化合物、盐、硫化物、贵金属、土壤污染和固体废弃物处理问题

续表

部门	大气	水	土壤/土地
有色金属压延	颗粒物质、SO_2、NO_x、CO、硫化氢、氟化氢、铝、硒、镉、铬、铜、锌、汞、镍、铅、镁、PAH_s、氟化物、二氧化硅、锰、炭黑、碳氢化合物、气溶胶的排放	含有色金属的洗涤溶剂用水；含有固体、氟、碳氢化合物的气体洗涤器废水排放	排放出的各类精选的尾矿处理污泥、电解电池涂料所产生的土壤污染和废物处理问题
煤炭开采与初加工	采掘、储运产生的粉尘排放；堆场煤炭和矿渣自然所产生的 CO 和 SO_2 的排放；地下岩层产生的 CH_4 的排放；爆炸及水灾危害	高盐分或酸性矿水造成的地表水和地下水污染	大规模的地表破坏和侵蚀；采掘区的地面下沉；大型矸石和各类废弃物堆放所造成的土壤退化
石油加工	SO_2、NO_x、硫化氢、HC_s、苯、CO、CO_2、颗粒物、PAH_s、硫醇、毒性有机化合物及气体的排放；爆炸和火灾威胁	冷却水的使用；HC_s、硫醇、苛性碱、油、酚、铬、气体洗涤器的废水排放	各类固体危险废弃物、催化剂和焦油的排放及处理

  进行无害化处理的成本也随之上涨，每吨大约需 2 万美元。如果采取简易的堆存和填埋方式，则会置城市于垃圾的包围之中。这恰恰是发展中国家城市地区的一种常见情景（图 1-20）。

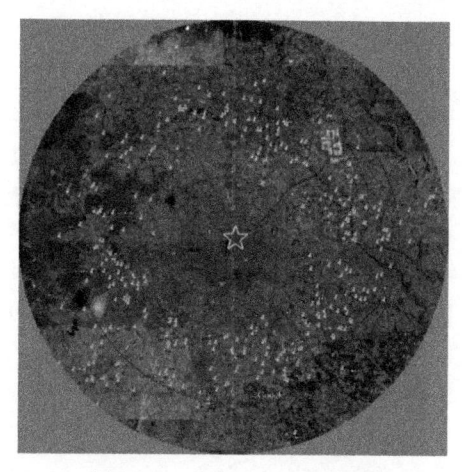

图 1-20　北京——垃圾围城

1.5 结　　论

　　频发的自然灾害引发了我们对人类生存发展与周围自然环境关系的思考。在人类社会前进中充满了诸多的矛盾和冲突，其中最为重要也是最为基本的矛盾和冲突就是地理学与资源学的核心问题，即人地关系。实际上，国家与地区的人地关系就是在紧张和缓解的往复过程中发育起来的。

　　地球是宇宙中一个极其独特的星体。经过数十亿年进化，终于成就了今日色彩斑斓的地表景观，其中以绿色基调为主的大陆正是人类生存的家园。在地表物质能量长期交换的作用下，人类生存的家园有幸建立在由大气、矿物和水三大基本要素、要素再造物及其衍生物群体所共同构建的物质共同体基础之上，其中，淡水、耕地、草场和森林是人类诞生与早期（古代）文明发育的四大关键资源所在，能源（矿物燃料）和矿产则是支撑人类现代文明进步的两大基本物质保障来源。

　　然而，自人类文明，特别是工业革命以来，对自身生存的极度渴望和对财富积累的过度追求使人类社会的发展越来越偏离原有的绿色发展轨迹。目前人类正在重新审视自己的行为，努力回归人地关系的和谐发展，以改善不断恶化的家园环境。

　　评判人地关系演进历史，总结经验，为实现人地关系的和谐发展意识从自发走向自觉的成功转变提供有益借鉴，这不仅是国家可持续发展，也是地理学科进步的核心任务所在。

第 2 章　认识过程

古代时期，人们对国家人地（自然）关系的认知始终保持着原始而淳朴的态度。在人类先人的眼中，如雷电、洪涝、干旱和地震等各类自然现象都是上苍意志的具体体现，而斗转星移、平原山川、江河湖海，乃至包括人类在内的万物众生则都是自然造物主的刻意安排。因此，人类要想在地球上生存和繁衍下去，遵从自然意志的权威性和遵守自身行为的合法性才是唯一正确的选择。这正是中国古人常讲的"天人合一"理念的核心内涵所在（金其铭等，1993；吴彤等，1995）。

进入现代时期后，在科学技术进步的推动下，人们开始积极探寻人地关系的真谛。经历了200多年的努力，人们对人地关系的科学认知水平有了大幅提升。这种提升不仅体现在对国家人地关系演进过程的系统分析和梳理，而且更体现在对自然物质世界和人文社会活动两者相互作用和影响的整体性认识，以及由此产生的国家人地关系理论体系建设中（吴传钧，1991；张雷等，2006）。

应当说，在人类开始通过大量体外工具的制造对周围自然环境进行能动的改造之前，人地关系一直处于一种初始的稳定和协调状态。然而当人类进入文明社会之后，人地关系便开始进入了一个紧张和缓解的往复矛盾过程中。这种往复矛盾过程主要体现在发生在18世纪以来关于地球资源环境基础的三次重大认识变化，其代表分别为资源环境有限论、技术进步论和可持续发展论（图2-1）。

图2-1　人地关系认识变化过程

2.1 资源有限论

这一理论的基本观点是：地球的资源是有限的，但人类的繁殖欲望和能力是无限的。因此，在这种资源有限和需求无限的矛盾冲突中，人类要想在地球上持续生存下去，就必须学会适应资源有限的地球环境，进行人口节制。根据人类物种成长的长期实践，在人类尚无形成自觉的人口节制行为时，天灾（如地震、瘟疫等）和人类种群间的战争便成为控制人口规模的有效方法（马尔萨斯，1996）。

作为这一理论的代表，马尔萨斯于 1798 年出版《人口原理》（*An Essay on the Principle of Population*）的专著。在这一专著中，马尔萨斯提出了他对全球人口增长基本条件的认识（或可称为马氏人口二公理）：

第一，食物为人类生存所必需；

第二，两性间的情欲是必然的，且几乎会保持现状（人口的增殖力无限）。

根据这一基本认识，马尔萨斯得出的基本结论是：

第一，人口增殖力的无限大于土地为人类提供生存资料能力的有限；

第二，人口若不受到抑制，便会以几何概率增加，而生活资料却仅仅以算术概率增加。

从这一认识出发，马尔萨斯进一步指出，人口规模不能超出地球资源环境的承载水平，否则人类社会将永远失去文明发育的未来。因为按照人类生存的自然法则，天灾（地震、洪水和瘟疫）和人祸（战争）从来都是实现有限地球资源和无限人类繁殖能力两者平衡的一个有效途径和基本手段。人类历史已经证明，"一个亚历山大、一个恺撒、一个帖木儿或一场流血革命可以把本来人口稠密的地球弄得人烟稀少，而一场大地震可以使一个地区永远荒无人烟"（《人口原理》第 18 章）。

从事物发展的角度看，任何一个科学家的认识都会受到所在时代知识积累状态和科技发展水平的限制，因而决定了他（她）所提出的理论必然会存在一定程度的缺陷。马尔萨斯的人口理论也是如此。

虽然马尔萨斯《人口原理》一书的出版是在英国工业革命（1750 年）之后的 1798 年，但是当时的全球社会生产总体上依然保持着农耕社会的运作方式和财富积累状态，更何况马尔萨斯撰写《人口原理》一书时所依据的资料和事件还是来自工业革命以前的人文社会活动，因此这就决定了其人口理论对工业革命时期人地关系演进特征存在一定认识上的盲区（图 2-2）。尽管如此，《人口原理》一书还是确立了马尔萨斯作为揭示国家和地区人地关系演进基本走向和规律的奠基人的地位。

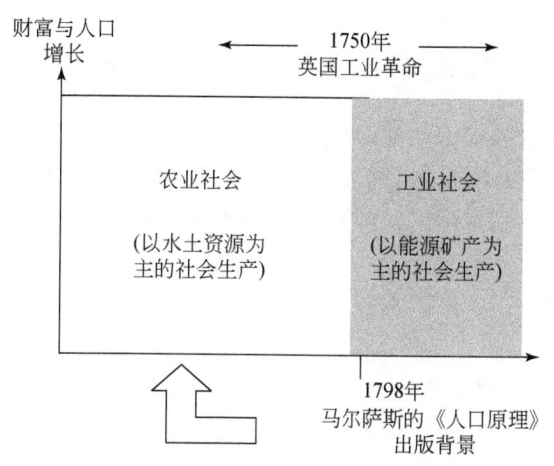

图 2-2 资源有限论的产生历史背景

2.2 技术进步论

进入 19 世纪后，随着工业革命的浪潮席卷欧洲和北美大陆，英国、法国、德国、意大利、美国和加拿大等国的资源环境开发方式发生了根本性转变。这种转变意味着技术与资本成为加速全球资源殖民化开发进程的重要工具和推手。在大约半个世纪的时期内，上述国家的人口与 GDP 占全球的比例就从 18 世纪末的约 11% 和 19% 上升至 19 世纪中叶的 15% 和 32%，增幅分别达到了 4 个百分点和 13 个百分点。如此快速的人文活动变革开始引发了人们对国家人地关系演进趋势的重新思考，并对马尔萨斯理论产生了质疑。这正是技术进步论所产生的历史背景。

作为技术进步论的典型代表，法国人萨伊在"整理"亚当·斯密的古典经济学理论的基础上，于 1828~1830 年出版了其经济学专著《政治经济学概论：财富的生产、分配和消费》。依据萨伊的观点，随着资本时代的到来，技术的进步可以使人类社会对自然的支配能力得到不断增强，因而无须多虑人口过快增长的问题（萨伊，1997）。而支撑这一观点的理论主要有以下两点：

第一，财富即"效用"。创造任何有效用的物品，都等于创造财富。而所有社会的物质生产都离不开劳动力、资本和土地这三个要素。这就是效用价值所产生的"生产三要素"理论（图 2-3）。

```
┌─ 物质生产 = 劳动力 + 资本 + 土地
│              ⇓       ⇓      ⇓
└→ 财富积累 = 工资   + 利息 + 地租
```

图2-3 萨伊"生产三要素"理论逻辑框架

第二,供给创造需求。"每个卖主都是买主,每个买主同时又都是卖主","困难不在于刺激消费的欲望,而在于提供消费的手段(技术)"。

依据萨伊的上述基本理论,国家现代经济增长的公式可以表达为

$$G = C+L+R+P$$

式中,G 为经济增长;C 为资本投入;L 为劳动力投入;R 为自然资源投入;P 为生产力水平提高。

进入20世纪后,萨伊的技术进步论得到了后人进一步的推崇。依照技术进步论的观点,现代技术的进步与组织管理的改善使得劳动和资本的产出效率大幅提升。据此,人们创造出新的技术进步生产函数概念。其数学表达公式为

$$Y=F(K, L, t) \text{ 或 } Y=F_t(K, L)$$

式中,Y 为总产出;t 为时间;K 为资本投入;L 为劳动投入。

不难看出,现代技术进步的生产函数概念在萨伊原有的理论模型上做了简化,在去掉了萨伊数学公式中的自然资源投入(R)后,使得现代社会生产完全摆脱了资源环境有限的桎梏,从而成为现代人类文明进步的主宰。

客观地讲,在机械化、电气化、信息化和智能化等大量技术的推进下,人类社会在工业文明发育过程中确实取得了骄人的业绩。从农耕时期的1500年至工业化初期的1820年,全球人口规模的增长倍数为2.45倍,人均GDP的增长倍数仅有1.18倍,两者的比值为1.0∶0.48,清晰地证明了马尔萨斯人口增长极限困境的存在。然而,进入20世纪后,情况开始发生逆转,且有加速趋势。全球人口规模与人均GDP两者的增长倍数比值在1900年时达到了1.0∶1.23,1950年时又上升至1.0∶1.30,到2000年时则更进一步升至1.0∶1.55(表2-1)。

表2-1 全球人口与人均GDP增长变化(1500~2000年,1990年不变价)

阶段	年份	人口 规模(10^6人)	人口 增长倍数(倍)	人均GDP 数量(美元)	人均GDP 增长倍数(倍)
农业社会 (1500年=1.0)	1500	425	1.00	565	1.00
	1820	1042	2.45	666	1.18
工业社会 (1820年=1.0)	1900	1600	1.54	1261	1.89
	1950	2528	2.43	2111	3.17
	2000	6077	5.83	6038	9.06

资料来源:安格斯·麦迪森,2003

工业文明时期的巨大变革确实为技术进步论提供了空前的展现机会。然而，当新的生产文明从局地走向全球时，日益扩大的资源开发行为便开始迅速转变成地球环境问题，人类社会又不得不再一次陷入地球资源环境有限与人类需求无限两者矛盾的困境中。

2.3 可持续发展论

进入20世纪，特别是第二次世界大战后，全球工业文明进入了一个新的发展阶段。与此前的发展时期相比，这一阶段的最大特征在于大规模资源环境开发所造成的极化效应日趋明显。

毋庸置疑，20世纪中期以来，全球的社会财富积累水平和能力得到了大幅提升，但是低下的物质利用效率却造成了全球性的环境破坏。2000年全球人均能源、矿产消费量和碳排放量较1900年分别增长了4.5倍、6.9倍和2.3倍（图2-4），而此时全球能源的使用效率仅有30%，物质的循环使用率也只有40%。

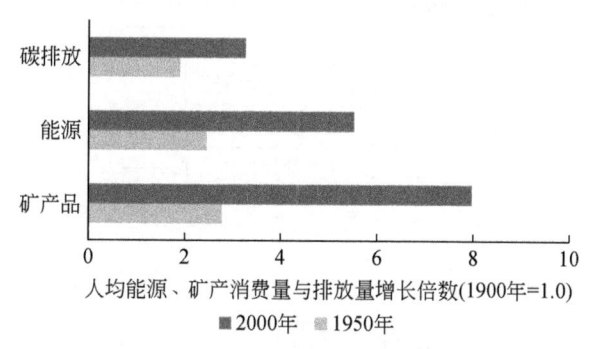

图 2-4　1900~2000年全球人均能源、矿产消费量与碳排放量增长

首先意识到这种变化并开始进行实质性探讨的便是美国的女生物学家蕾切尔·卡逊（Rachel Carson）。1962年，卡逊发表了一部引起很大轰动的环境科普著作《寂静的春天》，描绘了过度使用农药所造成的可怕污染景象，以致人们将会失去"阳光明媚的春天"，在世界范围内引发了有关人类发展观的争论。

10年后，两位著名美国学者沃德和杜博斯的《只有一个地球》一书问世。该书的作者把对人类生存与环境的认识提向一个新境界——可持续发展的境界（沃德和杜博斯，1976）。同年，罗马俱乐部发表了有名的研究报告《增长的极限》，明确提出了"持续增长"和"合理的持久的均衡发展"的概念（德内尔·

梅多斯等，2006）。

1987年，以挪威前首相布伦特兰为主席的世界环境与发展委员会发表了一份名为《我们共同的未来》的报告，正式提出可持续发展概念（世界环境与发展委员会，1997），并以此为主题对人类共同关心的环境与发展问题进行了全面论述，受到世界各国政府组织和舆论的极大重视，并在1992年联合国环境与发展大会上得到与会者的共识与认可（中国环境报社，1992）。

近年来，社会各界对可持续发展进行了更为广泛而深入的探索，尽管存在某些认识上的差异，但在基本观点上却保持着一致，即认为工业化以来，人类对自然资源的大规模开发和利用已经对人类自身的生存和发展环境造成了严重破坏。为实现人类的可持续发展，应改变现有的生存和发展方式，如此才有可能实现人与自然的协调（图2-5）。

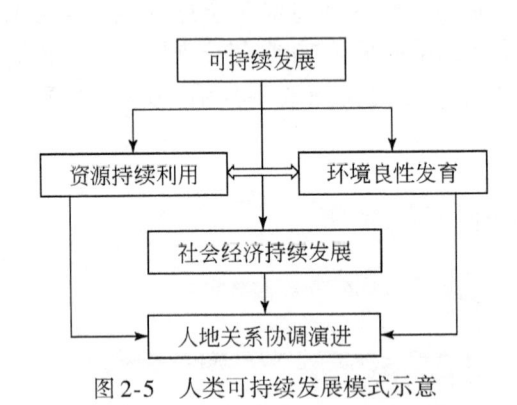

图2-5 人类可持续发展模式示意

2.4 结 论

从中国古代社会"天人合一"的原始和淳朴理念，到全球现代社会的科学系统理论体系建设，人们对地区、国家乃至全球人地关系的探索和认识过程从未停止过。

在经过上千年农业社会的发展之后，传统生产方式已无力实现人类生存方式快速变化与有限资源环境开发空间的有效协调，于是便产生了以马尔萨斯为代表的资源有限论。

工业革命开始以来，技术的快速进步便彻底改变了地球资源整体开发的基础，从而造成社会财富的积累明显快于人口规模增长的发展态势，于是又产生了以萨伊为代表的技术进步论。

然而，随着全球工业化的迅速扩展，大规模资源环境开发的极化效应最终导致了地表自然物质能量交换秩序的破坏和人类生存环境的恶化。对此，人们开始认真思索以往的资源开发行为，于是可持续发展理论便应运而生。

尽管我们在人地关系的认识问题上取得了很大的进步，但是要完全掌握这种关系未来变化的主动权，依然还有很长的路要走。

第3章 国家人地关系演进的国际比较研究

当今世界，无论发达程度与否，自然资源与环境的开发程度和占有水平依然是决定国家和地区社会经济发展的基本前提（Cipolla，1978；Craig et al.，1988；金其铭等，1993；吴传钧，1998；张雷，2004；张雷等，2006）。

作为世界的基本组织单元，国家特别是人口大国往往决定着全球人地关系演进的总体走向。

3.1 要素与对象选择

3.1.1 要素选择

尽管各国资源环境的禀赋不尽相同，但国家持续发展在资源环境要素的开发利用及保障方面的需求却是一致的。这种需求的一致性决定了无论国家大小和发达程度与否，淡水、耕地、草场、能源、矿产和生态（森林）是维系国家生存和发展的六大基本要素和资源环境基础所在。这一点对人口规模超过1亿人以上的国家而言，尤其如此。这正是进行国家人地关系评价的基点所在。

需要指出的是，由于上述六大资源环境要素在人类文明发育历史的投入顺序与作用不尽相同，这六大资源环境要素又可划分为生存和发展两大类（图3-1）。

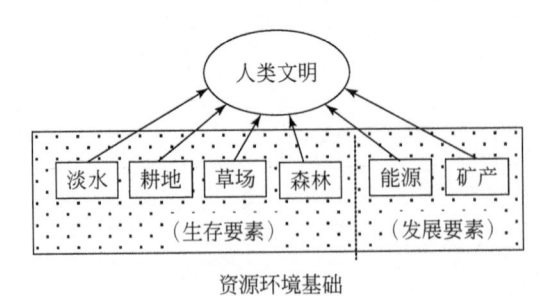

图3-1 人地关系的资源环境基础（陆生）与分类

3.1.2 对象（国家样板）选择

考虑到分析对象的可比性，笔者根据2010年的数据选择了世界上人口超过1亿人的中国、印度、美国、印度尼西亚、俄罗斯、巴西、巴基斯坦、孟加拉国、日本、尼日利亚和墨西哥11个国家为评价样板。尽管11个国家在面积上仅占全球的35%，但无论是在资源环境要素方面还是在人文活动占有方面均处于明显主导地位（表3-1）。

表3-1　2010年11个样板国人文活动与自然要素占全球比例（单位:%）

项目	面积	资源环境要素						人文活动		
		淡水	耕地	草场	森林	能源	矿产	人口	GDP	碳排放
11国	35.0	55.5	58.7	27.7	53.2	57.7	67.9	57.8	60.8	58.9

资料来源：1. United Nations, Department of Economic and Social Affairs. Population Division (2013) World Population Prospects: The 2012 Revision. UNDESA, New York；

2. Statistics Division FAO 2010 (Land use)；

3. BP Statistical Review of World Energy June 2011；

4. Marland G, Andres R J. Total carbon emissions from fossil fuel consumption and cement production. Oak Ridge National Laboratory；

5. World Bank. GDP/breakdown at constant 2005 prices in US Dollars；

6. 中国地质矿产信息研究院于1993年完成的各国矿产储量潜在总值

3.2　要素综合评价

3.2.1　要素综合评价

国家资源环境要素综合评价的目的在于刻画国家人地关系演进的基本特征和过程变化，其评价的基本步骤大体可以分为国家资源环境本底或禀赋、国家人文活动要素和国家人地关系演进状态特征三部分。

3.2.1.1　国家资源环境本底或禀赋评价

国家资源环境本底或禀赋评价的目的在于揭示国家资源环境本底或支撑能力特征，其基本公式可以表达为

$$QF = \sum_{i=1}^{n} f_{si}, f_{di} \quad (0 \to \infty) \quad (3\text{-}1)$$

这是分析国家资源环境本底特征的第一步。其中，QF 为国家资源环境基础的质量特征；f_{si} 为国家单位国土面积的四大资源环境生存要素（淡水、耕地、草场和森林）指标与相应的世界平均指标的比值，其要素的权重值为 1.0；f_{di} 为国家单位国土面积的两大资源环境发展要素（能源和矿产）指标与相应的世界平均指标的比值，其要素的权重值为 0.2[①]。总体而言，当 QF 值小于 4.40（全球资源环境禀赋特征值[②]）时，认为该国的资源环境禀赋质量低；当 QF 值大于 4.40 时，则认为该国的资源环境禀赋质量高。

$$TF = QF \cdot A \quad (0 \to \infty) \quad (3\text{-}2)$$

此为国家资源环境本底特征分析计算的第二步。其中，TF 为国家资源环境本底的总量特征；A 为国家陆地面积。

3.2.1.2 国家人文活动要素综合评价

国家人文活动要素综合评价在于揭示国家工业化进程的人文活动综合强度变化特征，其基本评价公式为

$$HA = \sqrt[n]{\prod_{i=1}^{n} a_{ti}} \quad (0 \to \infty) \quad (3\text{-}3)$$

式中，HA 为全球与国家人文活动强度特征；a 为人文活动要素（人口、GDP 和碳排放）；n 为人文活动要素构成的数量；t 为人文活动要素发生的具体年份。

3.2.1.3 国家人地关系演进状态特征评价

这是评价国家人地关系演进状态特征的最后一步，也是关键一步，其计算公式为

$$NMLE = HA / QF \cdot c \quad (3\text{-}4)$$

[①] 六大资源环境要素的权重赋值是以各要素投入在支撑国家长期人文生产活动过程中的经济产出时效性计算得来，其基础数据（时间跨度为 2000 年）来源于安格斯·麦迪森撰写的《世界经济千年史》一书。

[②] 全球资源环境禀赋特征值（4.40）的计算如下：第一步，计算全球和对象国单位面积的六大资源环境要素拥有量；第二步，以全球和对象国单位面积的六大资源环境要素拥有量为分子，全球单位面积的六大资源环境要素拥有量为分母，计算出全球和对象国六大资源环境要素的初始特征值；第三步，根据要素权重，计算出全球和对象国六大资源环境要素的最终特征值；第四步，进行六大资源环境要素最终特征值的求和，分别获取全球与对象国的资源环境禀赋特征值，其中，全球资源环境禀赋特征值为 4.40。

式中，NMLE 为国家人地关系演进状态特征值；c 为全球人地关系演进状态系数①。从理论上讲，当 NMLE 值小于 1.0 时，表明该国的人地关系演进尚处于相对宽松状态；相反，当 NMLE 值大于 1.0 时，表明该国的人地关系演进已进入紧张状态。

3.2.2 分析结果

分析结果表明，无论是在资源环境基础禀赋方面还是在人地关系演进方面，上述 11 个人口大国的分异特征均十分明显。

3.2.2.1 国家资源环境本底特征分析

国家资源环境本底特征分析是由两个步骤组成：首先，进行国土资源环境的禀赋质量分析；其次，展开禀赋总量特征分析。

1）禀赋质量特征为单位国土面积上的资源环境要素集合状态。其分析结果表明，上述 11 个国家可以分为以下三大类，形成国家资源环境禀赋质量间的巨大差异特征（图 3-2）。

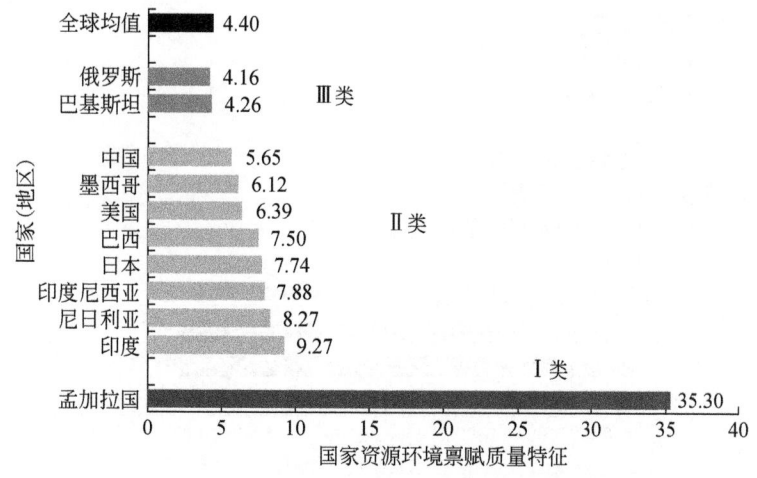

国家（地区）	国家资源环境禀赋质量特征	类别
全球均值	4.40	
俄罗斯	4.16	Ⅲ类
巴基斯坦	4.26	
中国	5.65	
墨西哥	6.12	
美国	6.39	
巴西	7.50	Ⅱ类
日本	7.74	
印度尼西亚	7.88	
尼日利亚	8.27	
印度	9.27	
孟加拉国	35.30	Ⅰ类

图 3-2　2010 年全球人口大国资源环境禀赋质量特征

---

① 式（3-4）中参数 c 的获取与全球资源环境禀赋特征值的计算思路大体相同。第一步，计算全球单位面积（按陆地面积计算，下同）人文活动要素（人口、GDP 和碳排放）各代表年份的实际承载量；第二步，用第一步计算出的各代表年份要素实际承载量除以初始年份（在本书中为 1950 年）的实际承载量，以获取各代表年份全球人文活动要素承载的演进状态值；第三步，通过人文活动要素承载演进状态值的开方求得各代表年份全球人文活动整体压力特征值；第四步，用各代表年份的全球人文活动整体压力特征值除以全球资源环境禀赋特征值，便可最终获得全球人地关系演进状态系数。

第Ⅰ类只有孟加拉国1个国家。其资源环境禀赋质量为所有对象国最高，达到了35.30。但是该国国土面积狭小，且资源环境要素构成的单一性强，因而造成该国国家人地关系演进的回旋空间相对不足。

第Ⅱ类国家包括了印度、尼日利亚、印度尼西亚、日本、巴西、美国、墨西哥、中国8个国家。这些国家的资源环境禀赋质量在5~10。除了日本外，多数国家拥有较大的国土面积，因而国家人地关系演进的回旋空间相对较大。例如，即使在进入了国家工业化阶段后，中国依然通过军垦方式在西部边陲进行了长期的大规模土地资源开发活动。同样地，进入21世纪后，美国通过广布国内非常规的页岩气资源开发，大大减轻了国内能源消费对国际市场的依赖。

第Ⅲ类包括巴基斯坦和俄罗斯两个国家。这两个国家的资源环境禀赋质量特征低于全球资源环境禀赋特征值（4.40）。其国家人地关系的演进更多地要靠国土面积来支撑，如俄罗斯的国家资源环境本底的总量特征便居于11个国家之首。

2）禀赋总量特征为质量与国土面积两者的乘积。其分析结果表明，上述11个国家可以分为以下三大类（图3-3）。

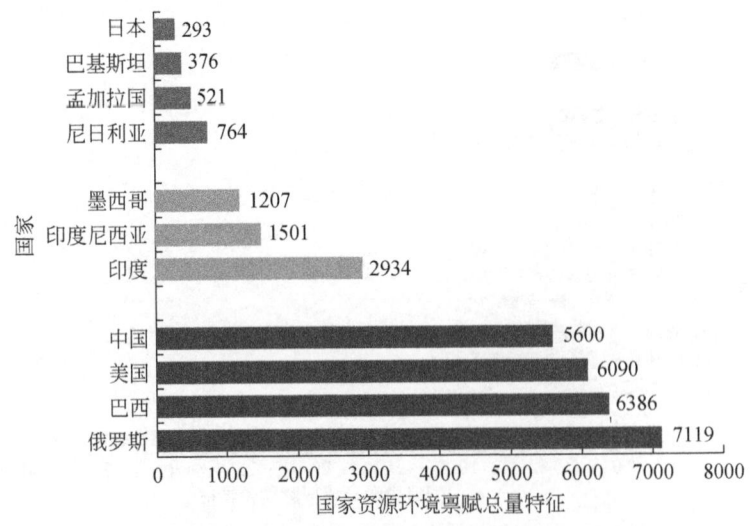

图3-3 2010年全球人口大国资源环境禀赋总量特征

第Ⅰ类包括俄罗斯、巴西、美国和中国4个国家。这些国家的资源环境本底总量特征值均在5000以上，表现出很强的资源环境开发支撑能力。与其他国家相比，除了俄罗斯的资源环境禀赋质量（QF=4.16）略低一些外，这4个国家的资源环境基础总体上表现出明显的"地大物博"先天特征。

第Ⅱ类包括印度、印度尼西亚和墨西哥3个国家。这些国家的资源环境本底总量特征值一般在1000~4999，虽与第Ⅰ类国家有较大差距，但因各国的资源环境禀赋质量较高（QF 值较高），因而表现出较强的资源环境开发支撑能力。

第Ⅲ类包括尼日利亚、孟加拉国、巴基斯坦和日本 4 个国家。尽管如孟加拉国等拥有明显的资源环境禀赋质量优势（QF 值高），但终因国土面积过于狭小（<100 万 km²），这些国家的资源环境本底总量特征值均不足 1000，因而表现出相对较弱的资源环境开发支撑能力。

3.2.2.2 国家人地关系演进状态

根据人口数量、GDP 产出与碳排放规模的人文活动要素综合分析，自 20 世纪 50 年代以来，上述 11 个人口大国的国家人地关系演进均呈现出逐步趋紧的态势（图 3-4）。

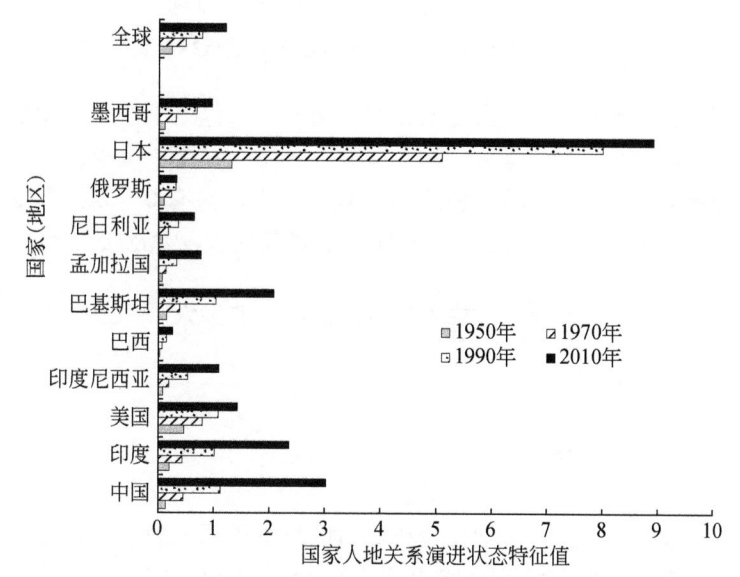

图 3-4　1950~2010 年世界人口大国人地关系演进趋势

从国家人地关系演进状态特征看，上述 11 个人口大国可分为两大类（图 3-5）。

第Ⅰ类国家人地关系演进已经进入全面紧张阶段，这些国家包括日本、中国、印度、巴基斯坦、美国和印度尼西亚 6 个国家，既有发达国家也有发展中国家。这些国家的人地关系演进状态特征值均超过了 1.0 的理论阈值，其中，日本更是高达 8.923，相当于全球均值水平的 7.4 倍，居 11 个人口大国之首。

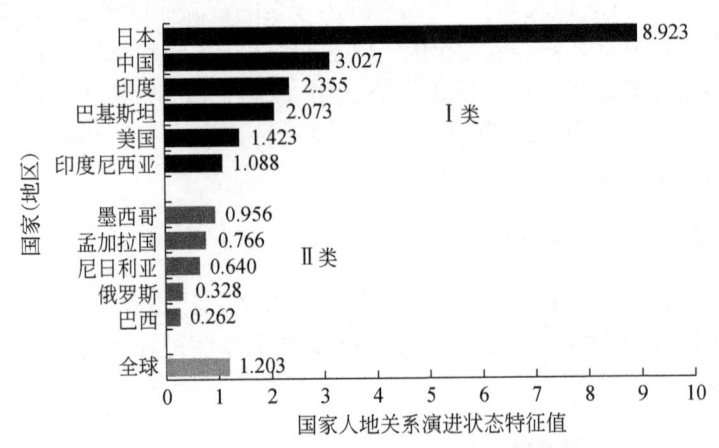

图 3-5　2010 年世界人口大国人地关系演进状态特征

第Ⅱ类国家人地关系演进尚处于相对协调状态，包括墨西哥、孟加拉国、尼日利亚、俄罗斯和巴西 5 个国家。这些国家多数属于发展中国家，其国家人地关系演进状态特征值均在 1.0 的阈值之下，其中，巴西只有 0.262，不足全球均值水平的 22%，为 11 个人口大国国家人地关系演进状态最为宽松的国家。

3.3　案例分析：日本

3.3.1　工业化进程

与所有国家相同，进入工业化进程之后的日本国家人地关系也开始进入日趋紧张阶段。日本的工业化起步于 1870 年，在 11 个人口大国中，仅晚于美国和俄罗斯（图 3-6）。

尽管拥有较高的资源环境禀赋质量条件，但是终因国土面积相对狭小（37.8 万 km^2）、资源环境的要素结构单一性较强，特别是能源和矿产这两类发展资源极度匮乏、孤悬亚欧大陆之外的地理环境，日本工业化在起步后不久，便开始遭遇本国人地关系日趋紧张的巨大挑战。

为了跨越国家工业化进程的资源环境约束这道"硬门槛"，日本采取了传统工业化国家的帝国殖民战略，即通过武力扩张的手段和不平等贸易来攫取周边国家及其他区域的资源环境财富，最终将日本推上了第二次世界大战亚太地区战争罪魁的位置（王新生，2013）。

第 3 章 | 国家人地关系演进的国际比较研究

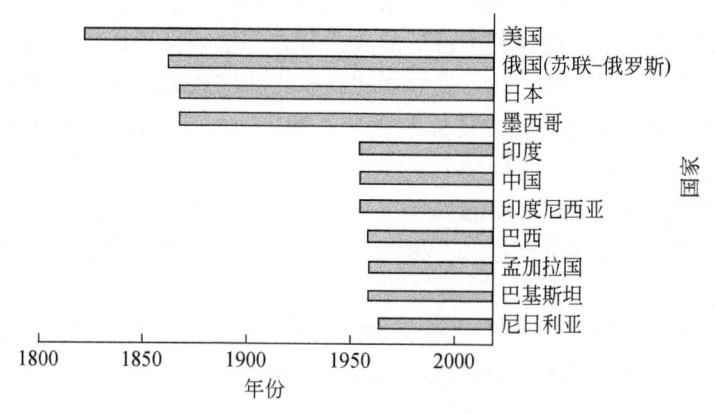

图 3-6 世界人口大国的工业化发育过程

3.3.2　国家人地关系演进

工业化发展之初，日本的国家人地关系演进尚有很大回旋空间，当时的国家人地关系演进特征值仅为 0.14（图 3-7）。但在其后的 30 年，日本的国家人地关系演进便开始进入全面紧张阶段（1900 年时其特征值逼近 1.0）。国家人地关系的快速演进迫使日本政府迅速加大了对外武力扩张的步伐，并在其后不久制定了帝国全球殖民战略，这就是 1927 年发布的《田中奏折》。

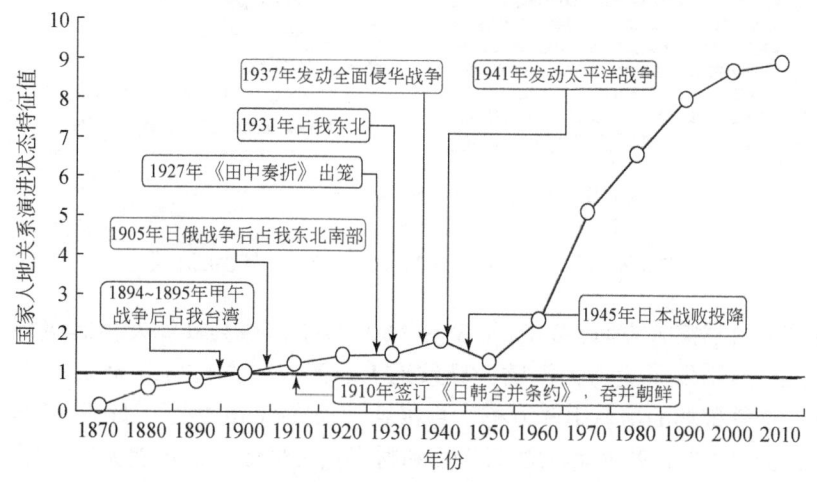

图 3-7　1870~2010 年日本国家人地关系演进过程分析

1945 年第二次世界大战结束后，日本的国家人地关系紧张状态曾出现过短暂的"缓解"。此后,在以美国主导的战后国际贸易秩序建立和国际地缘政治长期冲突的环境下,日本充分利用自身的人才智力和全球市场使本国的经济实力快速跃居到第二发达国家的位置。尽管如此,现代化的快速增长还是将日本国家人地关系的紧张状态推向了无以复加的程度。2010 年,日本国家人地关系演进状态特征值已上升至 8.9,较 1950 年的 1.46 增长了 5.1 倍（图 3-7）。

作为国家人地关系紧张状态如此快速演进的必然结果:一方面日本发展的资源供应对外依存度呈现全面提升,另一方面日本社会遭遇突发自然灾害的损失表现出大幅提高。

在资源供应方面,2010 年日本的能源和矿产供应的对外依存度超过了 95%,食品供应的 60% 依赖进口（冯昭奎,2008）（图 3-8 和图 3-9）。

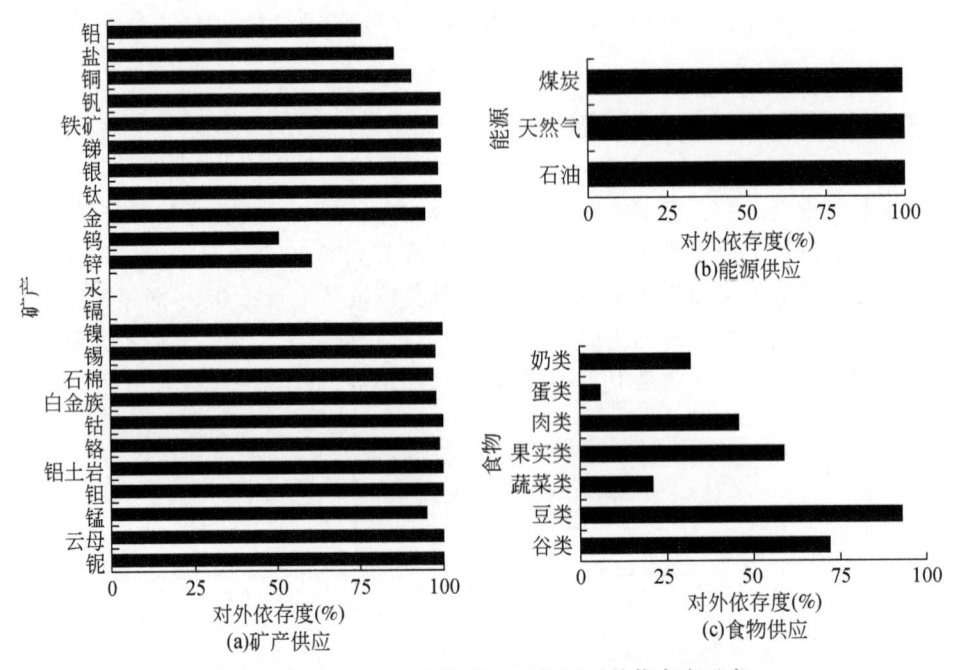

图 3-8 2010 年日本现代社会的资源对外依存度示意

在突发自然灾害方面,2011 年 3 月 11 日日本宫城县外海发生震级规模 9.0 级大地震,并引发了近海大海啸,导致近 1.6 万人死亡,3400 余人失踪,5890 人受伤,遭受破坏的房屋 109 万栋,直接经济损失达 16.9 万亿日元,约合 2096 亿美元,为日本第二次世界大战后伤亡和财产损失最惨重的自然灾害。更为严重的是,地震造成福岛核电站被毁,从而引发了一场全球性核危机。

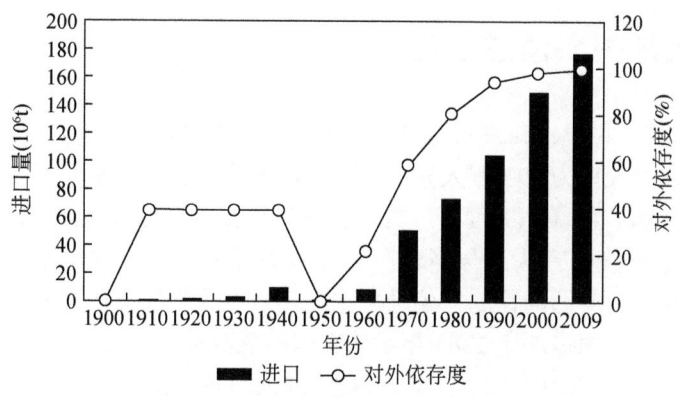

图 3-9　1900～2009 年日本能源进口量与对外依存度变化

3.4　案例分析：美国

3.4.1　工业化进程

美国是继欧洲工业化先导国家（英国、法国、德国和意大利等）之后第一个走上工业化道路的人口大国。得益于良好的资源环境禀赋、极佳的开发条件与独特的地理位置，美国的国家工业化发展相对顺利。

美国大规模的工业化大体上始于 1820 年。大约经历了百年的时间，美国完成了国家工业化初期阶段的基本任务。到 1920 年时，美国的人均 GDP 已超过了 5500 美元（按 1990 年不变价国际美元计算），全国钢产量达到 4280 万 t，汽车产量 39 万辆（安格斯·麦迪森，2003；Horn et al.，2010；U.S. Department of Commerce and Bureau of the Census，1975）。

自 1920 年，美国的工业化开始进入中期发展阶段。此后虽然经历了经济大萧条和两次世界大战，但是最终还是在 20 世纪 70 年代完成了国家工业化的基本任务，并从此进入后工业化社会。

应当说，1872 年当 GDP 总量超过了英国之后，美国便成功地占据了世界第一工业强国的位置。同样重要的是，当 1889 年 GDP 超过中国后，美国又成为世界第一经济强国[1]，并且一直延续至今。

---

[1]　https://en.wikipedia.org/wiki/List_of_countries_by_GDP_(PPP)_in_the_nineteenth_century。

3.4.2 人地关系演进过程

美国建国之初，国家面积只有约 80 万 km²，人口仅 330 多万人（1790 年第一次人口普查时人口为 390 万人）。当时国家发展的主要问题并不在人地关系方面，而在人（国）际关系方面。一方面，美国政府在领土上执行西向扩张政策，以吸纳更多欧洲移民，从而与当地印第安人发生长达百年的"内战"；另一方面，为了彻底摆脱英国的控制，美国再次与其发生军事冲突，史称美国第二次独立战争，并迫使英国最终于 1783 年承认美国的政治独立事实。

实际上，直到 1820 年时，美国有 95% 的人口依然居住在农村，全国尚没有任何城市的人口超过 10 万人，且在整个国家财富的积累中农业部门所占比例高达 51%，因此，当时美国的人地关系演进状态与欧亚大陆文明国家农耕社会中期的水平保持着基本相似的状态（图 3-10）。

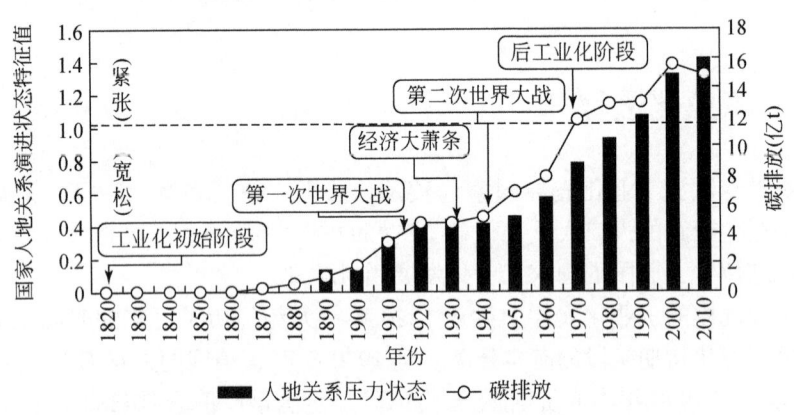

图 3-10　1820~2010 年美国国家人地关系演进过程分析

1820~1920 年，美国一共接纳了大约 3350 万移民，形成美国持续百年的移民潮。受此影响，美国人口总量增长了近 10 倍，达到了 1.07 亿人（1920 年）。与之相比，这一时期的美国 GDP 增长更是高达 46 倍。尽管如此，由于此一时期美国的领土通过战争和购买方式扩大了 1 倍以上，整个国家人地关系的演进状态依然处在十分宽松的状态之中。

1920 年以后，美国的工业化开始进入中期阶段。到 1970 年，美国的 GDP 超过了 1.0 万亿美元，较 1920 年增长了约 4.2 倍；人均 GDP 则超过了 1.5 万美元。与此同时，美国的钢产量接近 1.2 亿 t，达到了峰值，较 1920 年产量增长了 1.78 倍。一次能源消费则达到了 22.6 亿 tce，较 1920 年增长了约 3.4 倍。

由于 20 世纪 40 年代中期以来就开始大力实施从以煤炭为主向以油气为主的

能源消费结构转变,这一时期美国国家人地关系的演进尚能保持在一个相对宽松的范围。为此,到1970年时美国国家人地关系的总体演进状态特征值尚能保持在0.79。

1970年以来,美国开始进入后工业化社会。随着以种植业和以制造业为主的第一产业和第二产业部门在社会财富积累中的比例大幅萎缩,以金融和信息为主的服务业(第三产业)的地位大幅上升。到2000年时,美国的产业结构演进系数已经快速上升至62.5,比1970年提高了1.88倍。到2010年,美国的GDP达到了9.87万亿美元,人均GDP则突破了3万美元。然而,由于整个社会的生活方式完全建立在物质能量的过度消费基础之上,美国的国家人地关系自20世纪90年代开始便进入了紧张状态,到2010年时更是升至1.42的新高度。

与其他10个对象国相比,美国的建国历史最短。然而,在不到300年的时间内,美国的国家人地关系演进便跨越了包括其他10个人口大国在内的全球人地关系整体演进进程,从十分宽松进入到紧张状态。如此快速变化对美国资源环境基础所造成的压力可想而知,其中,国家的资源供应保障和环境安全显得尤为突出。

在资源供应保障方面,除了主要农产品(如粮食)外,目前美国的矿产和一次能源供应的自给率保持在60%~75%。换言之,美国的一次能源和矿产品供应的对外依存度已经达到了25%~40%(图3-11和图3-12)(U. S. Department of the Interior and U. S. Geological Survey,2013)。

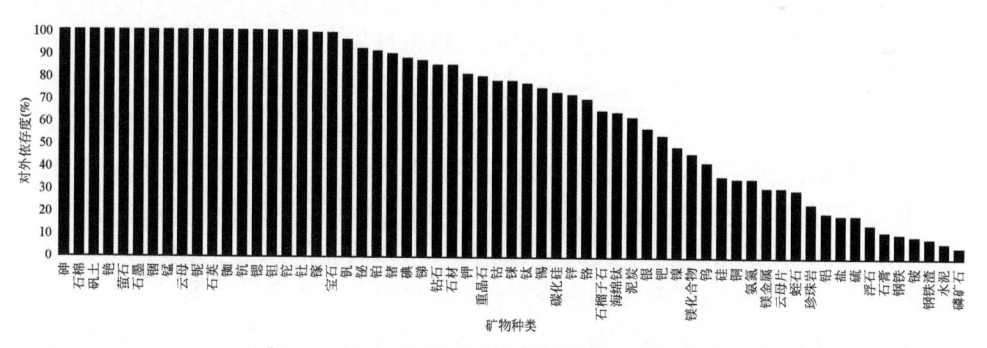

图3-11 2012年美国矿产品供应的对外依存度

在环境安全方面主要体现在水与大气环境污染两个领域。

就水环境污染而言,20世纪70年代,美国受酸雨影响的水域达3.6万 km²,23个州的17 059个湖泊中有9400个湖泊酸化变质。最强的酸性雨降在弗吉尼亚州,酸度(pH)为1.4。同样地,60年代初期,伊利湖的西部和中部已经由良性的好氧生态系统转变为恶性的厌氧生态系统,以致每年夏天,水体由严重富营养化而引发水华现象,藻类大量繁殖,水面污浊不堪。另外,受城市扩张影响,

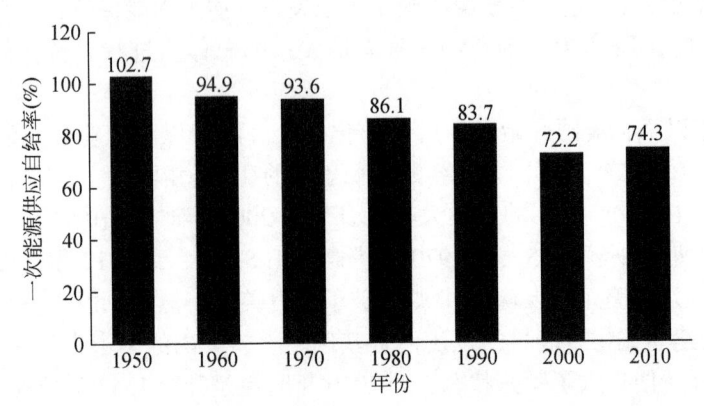

图 3-12 1950~2010 年美国一次能源供应自给率变化

湖区内湿地面积损失将近 2/3，湿地的减少又压缩了野生生物的生存环境，许多物种消失或濒临灭绝（United States Environmental Protection Agency，2000）。与东中部地区水体污染相比，美国西部水环境的问题则在于河道的断流。科罗拉多河是美国西部最大的河流。自 20 世纪 30 年代开始，该河的上游陆续修建了胡佛等近 10 座大坝，对促进当地经济发展和调节气候环境发挥了十分重要的作用。然而，由于地处干旱气候区域，且工农业生产和生活用水不断增加，科罗拉多河面临着巨大的供水压力。自 20 世纪末以来，流域地区持续干旱少雨，使该河面临的缺水威胁不断加剧，最终导致该河经常出现断流现象，对流域内的野生动植物、生态系统和民众生活造成了重大影响。根据世界资源研究所对世界最大面积江河流域的调查研究，科罗拉多河的缺水程度名列世界第 6 位（Wong et al.，2007）。

与水污染问题主要发生于国内相比，美国的大气污染问题则远超出国界。由于长期以来保持着全球第一大能源消费国的地位，美国的大气污染有目共睹。不用说发生在 20 世纪 40~70 年代的美国西海岸洛杉矶市的光化学烟雾事件，仅就美国的碳排放对全球气候变化的影响而言，便已是一个不争的事实。

根据美国国家橡树岭实验室的数据，美国工业化之初（1820 年）的碳排放仅占全球比例的 1.52%，但在 100 年后的工业化中期，美国碳排放占全球的比例超过 50.0%。此后随着产业结构的调整和能源供应结构的改善，美国碳排放占全球的比例开始明显下降。尽管如此，在金融危机（2008 年）爆发之前的 2007 年，美国的一次能源消费超过了 33.5 亿 tce，碳排放量约为 15.8 亿 t，分别占全球总量的 20.4% 和 18.5%（图 3-13）。考虑到美国资源环境禀赋总量仅占全球的 9.29%，如此能源消费和碳排放对美国国家乃至全球人地关系演进所产生的压力应是不言而喻的。正是这一原因，2016 年 4 月 22 日当美国国务卿克里签署有关气候变化的《巴黎协定》时，与会的各国代表纷纷拍手相庆。但是，当 2017 年 6 月 1 日美国总统特朗普宣布退出《巴黎协定》时，全球社会舆论一片哗然。

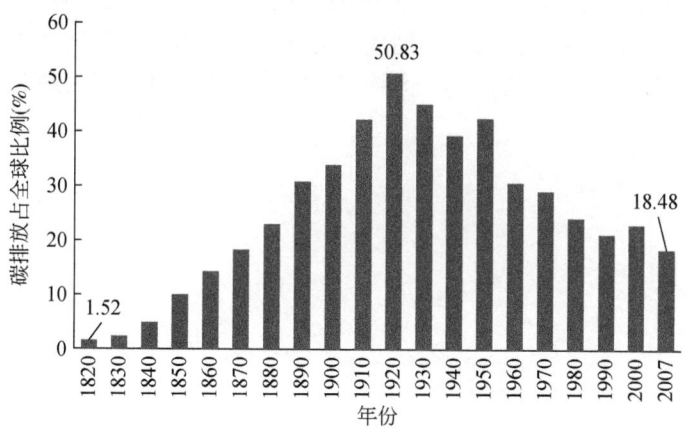

图 3-13　1820～2007 年美国碳排放占全球比例变化

3.5　结　　论

尽管目前人类社会已经跨入现代化发展的门槛，但是作为地球表层的一个物种，物质与能源消费的满足依然是人类社会生存和发展的第一需求。实际上，随着社会财富和人口的快速增长，与资源环境的协调已经成为世界各国持续发展的首要任务和基本目标。这种协调既是可持续发展理论的核心所在，同时也是人地关系研究的核心所在。

根据 11 个人口大国的资源环境本底（禀赋）特征评价，领土面积的大小较单位国土面积禀赋质量的高低更能决定一个国家资源环境总体状态的优劣。由于国家拥有的国土面积均超过了 800 万 km²，俄罗斯、巴西、美国和中国 4 个国家的资源环境基础总体上表现出明显的"地大物博"特征。与之相比，印度、印度尼西亚和墨西哥 3 个国家的国土面积保持在 200 万～300 万 km²，因而只能拥有较强的国家资源环境开发支撑能力。与上述国家相比，尽管尼日利亚、孟加拉国、巴基斯坦和日本 4 个国家拥有较好的资源环境禀赋质量，其中，孟加拉国甚至位列 11 个国家之首，但终因拥有的国土面积过于狭小（4 个国家的国土面积均不足 100 万 km²），因而只获得相对较弱的国家资源环境开发支撑能力。

国家人地关系演进特征的分析表明，自 20 世纪 50 年代以来，除了俄罗斯外，其他 10 个国家的人地关系演进均呈现出明显加快的趋势，其中，以日本、中国、印度、巴基斯坦、美国和印度尼西亚 6 个国家的表现最为突出，国家的人地关系演进进入紧张状态。

　　日本与美国的典型案例分析则进一步表明，在国家人地关系演进过程中，国家资源环境本底总量特征起着至关重要的作用。日本在国家工业化起步后仅30年便开始遭遇人地关系紧张局面的挑战。与之相比，由于拥有远高于日本的资源环境基础，美国的工业化在持续了大约170年才开始面对国家人地关系紧张压力的挑战。

下篇

中国实践

第4章　中国国家人地关系的演进过程分析

作为世界上最大的发展中国家，半个多世纪的大规模工业化建设虽然使中国的经济总量跃居全球第二，但是在资源环境开发的极化效应作用下，相对粗放的开发利用方式对中国的国家人地关系演进造成了极大的负面影响。在全球11个人口大国中，目前中国的国家人地关系紧张状态仅次于日本，远高于其他9个人口大国，而导致这一事态发展的关键则是相对粗放的资源开发利用及其所引发的严重生态破坏。

4.1　国家资源环境基础

尽管拥有相对较好的资源环境基础，但是，在国家工业化以前，中国的资源环境基础就已经受到相当程度的削弱。实际上，在20世纪的上半叶，长期的社会动荡和连年战乱使得国家资源环境基础整体上受到了前所未有的破坏，特别是在生存要素方面。50年代初，除了西南地区外，其他地区，特别是中部和东部地区长期建立起来的良好农业资源开发基础均遭到不同程度的破坏。1949年全国森林覆盖率已降到了不足9%（范文澜，1963；中国林学会，1996）。此种脆弱的资源环境基础在其他发展中国家也是不多见的。所幸的是，由于开发规模有限，中国大规模工业化前的水土与能源矿产等资源的开发潜力得以保存。

进入国家工业化进程之后，中国的资源环境开发进入了一个新的阶段。一方面，以东北（如黑龙江）和西北（如新疆）地区为主的水土资源开发（军垦）得以继续；另一方面，大规模能源与矿产资源开发在全国范围快速展开。其结果是，这种开发从根本上改变了国家资源投入的结构，在一定程度上改善了原有脆弱的国家资源环境基础。然而，由于庞大的人口规模、强烈的发展诉求、快速的经济增长及不力的生态环境保护，国家资源环境基础所承受的压力有增无减，以致从20世纪90年代开始进入了国家人地关系全面紧张状态。

就现实情况而言，中国的资源环境基础主要体现为总量可观、结构不尽合理、质量堪忧和人均拥有量不足这4个特征。

（1）总量可观

作为世界上最为重要的发展中国家之一，中国的资源环境基础在总量上还是相当可观的。

相对于国土面积而言，中国的矿产、草场、能源、可耕地和淡水五大关键要素在全球所占比例均保有一定优势。根据自然本底的要素综合评价，中国在全球资源环境基础总量中所占比例达到了8.54%，总体上优于中国国土面积占全球的比例（表4-1）。

表4-1 2010年中国资源环境及相关要素占世界比例　　（单位:%）

项目	资源环境指标						总量	相关指标	
	可耕地	淡水	草场	森林	矿产	能源		国土面积	人口
中国	6.89	6.54	9.86	4.85	10.00	8.66	8.54	6.41	19.13

资料来源：同表3-1

（2）结构不尽合理

尽管总量可观，但在各类资源要素的有效组合方面，却表现出明显的不合理性。这种不合理性主要体现在森林资源相对匮乏。目前中国的森林面积只占世界总量的不足5%。

（3）质量堪忧

尽管中国矿产和能源在总量方面具有较明显的优势，但这两类资源的保有质量堪忧。例如，作为现代能源矿产的两大关键矿种，石油和天然气在国家能源矿产资源中的比例仅为3.7%，较世界平均水平低了28个百分点。同样地，作为主导金属矿产，中国铁矿石的平均品位为34.29%，较世界平均品位低了14个百分点。

（4）人均拥有量不足

由于庞大的人口基数，中国资源环境各要素的人均拥有量明显不足。中国陆域国土面积的人口密度为世界平均水平的近3倍，作为国家人地关系演进的可耕地、淡水、草场及森林四大关键生存要素的人均拥有量却大都不足世界平均水平的50%（表4-2）。

表4-2 中国资源环境要素表征指标的人均拥有水平国际比较

项目	人口密度（人/km^2）	可耕地（hm^2）	淡水（m^3）	草场（hm^2）	森林（hm^2）	能源（t）	矿产（美元）
中国	140	0.091	2103	0.25	0.15	206	5636
世界	47	0.198	6156	0.48	0.58	184	4967
占比（%）	298	46	34	52	26	112	113

资料来源：同表3-1

4.2 国家工业化进程

大规模工业化之初，中国约90.0%的人口生活在农村，约85%的社会财富产出（GDP）也来自农村，国家综合城镇化水平（人口与经济）只有13.2%。受此影响，当时中国的人均GDP拥有水平不仅大大低于发达国家工业化之初的水平，就是与印度尼西亚、印度和孟加拉国等其他发展中人口大国相比，差距也在20%~40%。

总体而言，中国的大规模工业化进程大体分为艰难起步和快速发展两个时期。

（1）艰难起步阶段（1952~1979年）

中国大规模的工业化始于20世纪50年代初。国家工业化的初始目标在于通过效仿苏联的计划经济模式建立起相对独立和完整的国家工业生产体系。然而，由于先后发生了朝鲜战争（1952~1953年）、三年自然灾害（1959~1961年）和十年"文化大革命"（1966~1976年）等一系列事件，这一阶段中国工业化的发展之路可谓崎岖坎坷。

尽管如此，在全国上下节衣缩食的共同奋斗下，中国工业化的发展还是取得了相当可观的成就。到这一阶段末（1979年），中国的GDP总量上升至3470亿元（按1952年不变价，详见图4-1），较工业化初始期增长了4.1倍，其中社会财富增长中的工业部门所占比例上升至43.8%（按当年价计算）；全国人均GDP则较工业化初期增长了2.2倍以上；国家综合城镇化水平也超过了30.0%，较1952年增长了15.5个百分点。与此同时，中国的主要农产品如粮食、棉花和油料等增长了0.5~1倍，主要工业产品如原煤、原油、发电量、生铁、粗钢、成品钢材和水泥等则增长了数十至上百倍。

（2）快速发展阶段（1980~2010年）

改革开放以来，中国工业化进入了快速发展阶段。随着大范围的市场经济模式采用和大规模的资本与技术引进，中国工业化进入了最佳发展期。

与1980年相比，2010年中国经济总量增长超过17倍，不仅成为仅次于美国的世界第二大经济体，而且成为全球第一大工业品制造大国。2010年中国的人均GDP超过了4700元（按1952年不变价计算），较艰难起步阶段末的水平提高了12.3倍。与此同时，国家综合城镇化水平也达到了85.6%，其中，人口城镇化约为50.0%，经济城镇化为89.8%（图4-1）。

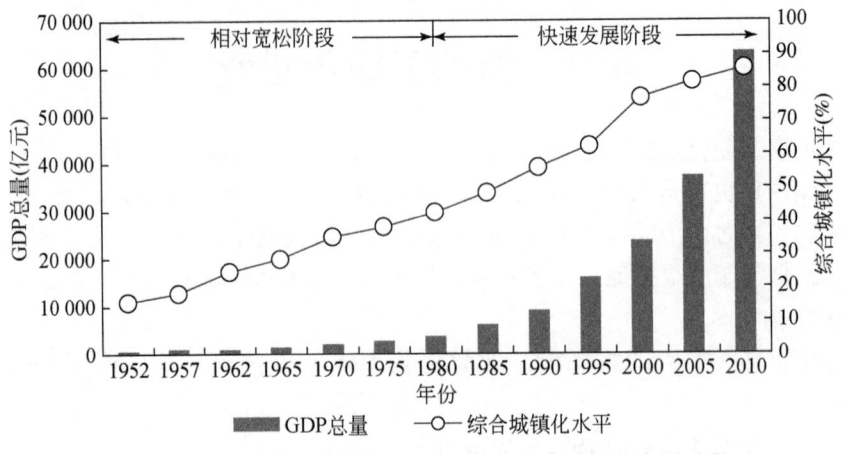

图 4-1　1952～2010 年中国 GDP 增长与综合城镇化发展过程

4.3　国家人地关系演进

尽管拥有较为良好的资源环境基础，但是，在经历了长期大规模的资源环境开发后，目前中国的国家人地关系演进已经进入了全面紧张的状态。

4.3.1　总体演进过程

总体而言，中国的国家人地关系演进过程大体可分为相对宽松和全面紧张两个阶段（图 4-2）。

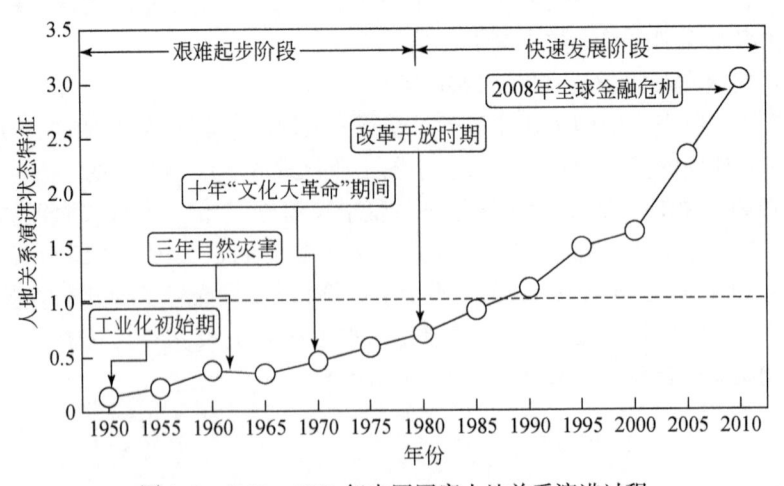

图 4-2　1952～2010 年中国国家人地关系演进过程

4.3.1.1 相对宽松阶段（1952~1980年）

国家工业化之初，由于资源环境开发几乎全部集中在水土两大资源要素基础之上，且开发手段落后，因此，中国的国家人地关系整体演进尚处于相对宽松的状态。依据国际比较分析的结果（详见 3.2 节），中华人民共和国成立之时，中国国家人地关系演进的状态特征不足 0.2，在 11 个人口大国中排在日本、美国、印度和巴基斯坦之后，位居第五。

应该说，20 世纪 50 年代初以来的大规模工业化及相关基础设施建设极大地拓宽了资源开发的广度和深度。然而，受资金不足、技术水平落后与市场开放程度低下等因素所限，国家工业化初期的社会财富积累不得不更多地依赖增大国内资源环境要素的大规模投入来实现。由此产生的资源消费快速增长及引发的环境问题对国家资源环境基础所造成的压力增长是显而易见的。例如，1952~1980年，中国一次能源消费增长了近 11.3 倍，相应地，全国碳排放增长了 6.7 倍。如此结果使得全国人地关系演进状态特征值在 1980 年超过了 0.7，较工业化初始期（1952 年）增长了 3 倍。相应地，中国国家人地关系演进状态在 11 个人口大国中的位置也从 20 世纪初的第五位快速上升至仅次于日本和美国之后的第三位（详见 3.2 节）。

人地关系演进的动力要素结构变化分析表明，人口增长、经济增长和环境污染是决定国家和地区人地关系演进状态的三大关键人文活动要素。

首先，就人口增长而言，自国家工业化以来，其在国家人地关系演进中的相对作用便开始呈现明显的下降趋势。1980 年人口增长的相对贡献度为 24.3%，较 20 世纪 50 年代减少了 6.5 个百分点（图 4-3）。

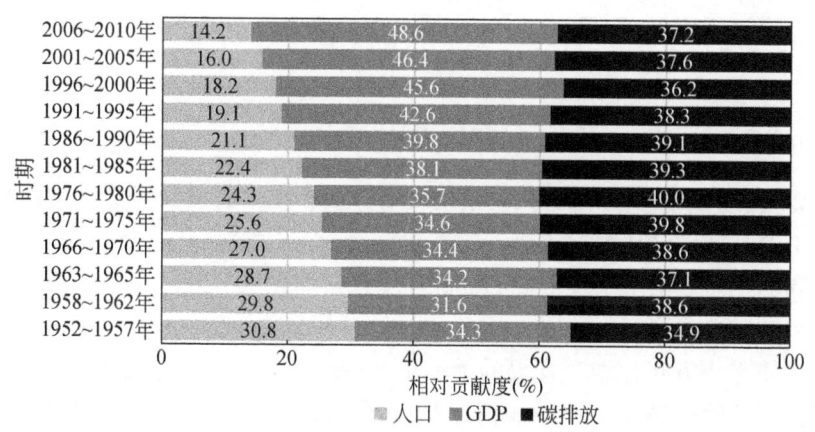

时期	人口	GDP	碳排放
2006~2010年	14.2	48.6	37.2
2001~2005年	16.0	46.4	37.6
1996~2000年	18.2	45.6	36.2
1991~1995年	19.1	42.6	38.3
1986~1990年	21.1	39.8	39.1
1981~1985年	22.4	38.1	39.3
1976~1980年	24.3	35.7	40.0
1971~1975年	25.6	34.6	39.8
1966~1970年	27.0	34.4	38.6
1963~1965年	28.7	34.2	37.1
1958~1962年	29.8	31.6	38.6
1952~1957年	30.8	34.3	34.9

图 4-3　1952~2010 年中国人地关系演进的动力要素结构变化分析

其次，以 GDP 为代表的经济增长在国家人地关系演进过程中的作用得到一定改善。在经历了短暂的相对作用下降之后，GDP 在国家人地关系演进中的地位便开始上扬。1980 年 GDP 增长在这一进程中的相对贡献度已经上升至 35.7%，与 1957 年的 34.3% 相比，增长了 1.4 个百分点。

最后，同人口与 GDP 两者的增长作用相比，以碳排放为代表的环境污染在此阶段对中国国家人地关系的演进过程所起作用最为重要。

环境污染在这一阶段总体保持着持续上升的态势。1957 年，环境问题在国家人地关系演进中的相对贡献度只有 34.9%，但是到了 1980 年，这一贡献度已经快速升至 40.0%，达到国家人地关系演进过程的整个考察期的峰值。例如，作为北京市重要的供水水源，河北省的官厅水库因库区水质恶化不得不退出供水服务就发生在这一时期（姜树君和王净，2003）。而作为"高原明珠"的云南滇池，在 20 世纪 60 年代的水质尚保持在 II 类标准，但是在 70 年代后期则呈现明显恶化（黄永泰，1999）。同样地，这一时期诸多城市的大气环境质量也呈现出急剧恶化态势。例如，辽宁中部的鞍山和本溪两城市工业区每月平方公里降尘量高达数百吨。发生于 1974 年夏季的甘肃兰州市西固区大气污染则成为证实中国城市光化学烟雾事件存在的第一案例（甘肃省环境保护研究所大气化学组，1980；曲格平和彭近新，2010）。

究其原因，当时中国的工业基础设施和生产技术落后，主要工业设备和工艺的生产水平尚处在 20 世纪 20~40 年代的水平上，整体经济产出的效益远不尽人意。例如，1980 年我国 6MW 以上火力发电机组的单位供电煤耗为 448gce/kW·h，单位水泥综合能耗为 219kgce/t，单位钢可比能耗为 1201kgce/t，分别高出当时发达国家水平的 20%~60%（国家统计局工业交通统计司，2001）。如此落后的社会生产状态在几乎处于空白的环境治理情况下，必然产生极为严重的环境后果。

4.3.1.2 全面紧张阶段（1981~2010 年）

自 20 世纪 80 年代以来，大规模的市场开放、技术引进和经济结构调整使原有资源消费和环境破坏状况得到一定程度的缓解。尽管如此，庞大的人口数量、大幅提高的物质产出水平及传统的资源环境开发理念依旧对已经变得相对脆弱的资源环境基础造成了巨大的压力。

在"第七个五年计划"开局的第一年（1986 年），中国的国家人地关系演进状态特征就开始跨越了 1.0 的阈值门槛（图 4-2）。这一变化明确无误地表明，中国国家人地关系从此开始进入了紧张阶段。然而，事情的发展并未到此为止。20 世纪 90 年代以来中国国家人地关系演进的紧张状态明显加剧，到 2010 年则超过3.0的关口。其结果是，在11个人口大国中，中国国家人地关系的紧张状态仅次于日本，位居第二。

由于长期实行严格的人口控制政策，这一阶段的人口增长作用则呈现出更加明显的下降态势。2010年国家人地关系演进中人口增长的相对贡献度仅有14.2%，较1980年下降了10.1个百分点（图4-3）。

与相对宽松阶段相比，GDP在国家人地关系演进中的地位则有了显著提升，不仅自1990年以后便开始占据三大人文活动要素的首要位置，并且成为其中唯一保持持续增长的人文活动要素。换言之，社会财富的积累成为这一时期推动国家人地关系演进走向全面紧张的第一动力来源。根据数据分析，2010年GDP在国家人地关系演进中的作用突出，相对贡献度达到了48.6%，比1980年增长了近13个百分点。客观地讲，由于长期大规模的资本与技术引进，中国社会生产的基础设施和技术装备水平均得到大幅提升。例如，2010年我国6MW以上火力发电机组的单位供电煤耗为333gce/kW·h，单位水泥综合能耗为143kgce/t，单位钢可比能耗为681kgce/t，分别比1980年降低了25.7%、34.76%和43.3%。然而，与这一时期整个社会为获取更多财富积累而产生的巨大物质投入诉求相比，如此生产技术的进步也只能在一定程度上起到抑制而远非遏制的作用。例如，与1980年相比，2010年中国的粗钢产量增长了近17.0倍，水泥增长了近22.6倍，火力发电量增长了13.4倍。相应地，中国一次能源的投入（消费）增长了4.5倍。

与人口增长的作用相同，虽然自20世纪80年代后环境问题的相对贡献开始呈现出持续的下降趋势，但是下降幅度甚微，1980~2010年的降幅只有2.8个百分点（图4-3）。实际上，由于已经承载着来自前一阶段近20年的积累，这一时期环境问题反而显得更为突出。例如，1998年发生于长江流域和嫩江流域的特大洪水，2000年以来北方地区频发的沙尘暴正是这种资源环境压力日增的真实反映。与此同时，辽河、海河、淮河、太湖、巢湖和滇池"三河三湖"水质的全面恶化也均发生在这一阶段。

4.3.2 资源环境压力分析

与日本和美国两国的情况相似，中国国家人地关系进入全面紧张状态后同样对资源和环境造成了巨大压力。

4.3.2.1 资源压力

对中国这样一个人口和经济快速发展的大国而言，国家人地关系紧张所造成的资源压力几乎是全方位的。

第一，粮食供应保障。作为一个传统农业生产大国，中国的农业生产不仅是全体国民温饱的基本保障所在，而且还是国家工业化进程的重要资本和原材料来源。然而，随着社会需求的快速增长，中国农业生产的增长越来越难以满足要求，其中以粮食的供需形势变化最为典型。在20世纪90年代以前，中国农业生产始终在国家社会稳定和经济建设中起着有效稳定器的作用。一旦国家人地关系进入紧张状态之后，中国农业生产的这种作用便开始呈现快速下降趋势。图4-4表明，1990年中国的粮食供需已经无法实现完全自给，到2010年中国粮食供需的自给率则进一步降至91.0%。

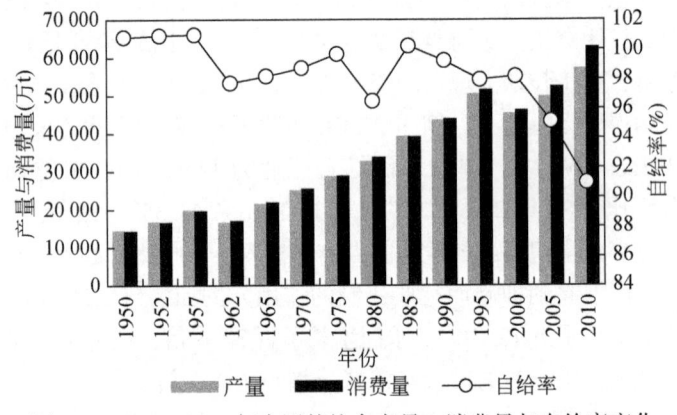

图 4-4　1952~2010 年中国的粮食产量、消费量与自给率变化

第二，木材供应。如前所述，20世纪50年代初中国的天然林资源就已经遭受严重损耗，为此中国不得不在大力提倡人工林种植的同时，通过加大有限天然林资源的采伐来满足国家工业化发展对木材供应的基本需求。这种情况在改革开放后开始发生变化，随着国际木材供应量的增大，中国木材供需的自给率开始出现明显下降趋势，特别是在1998年长江和嫩江特大洪水以后国家实施天然林全面商业禁伐的政策下。到2010年，中国木材供需的自给率已经下降至70.2%，与国家工业化之初的1952年相比，降幅约30个百分点（图4-5）。

第三，矿产供应保障。中国的矿产资源虽然品种相对齐全，储量较丰，但一些关键矿种却存在着明显的品位低、质地杂（共生和伴生矿）和储量有限等问题，因而造成矿产资源的开发始终面临技术门槛高和资金投入大的问题，难以满足国家工业化长期发展的需求，其中铁矿石的供应便是一例。

在工业化初期阶段，为确保钢铁工业生产的矿石供应，国家投入巨大资本和技术用于铁矿石开采业的发展。到1980年，中国铁矿石的产量虽然最终突破了1.0亿t，但也仅是勉强维持全国3000万t的粗钢的生产水平。进入20世纪80年代后，随着大规模城镇化和基础设施建设时期的到来，国民经济发展对钢铁产

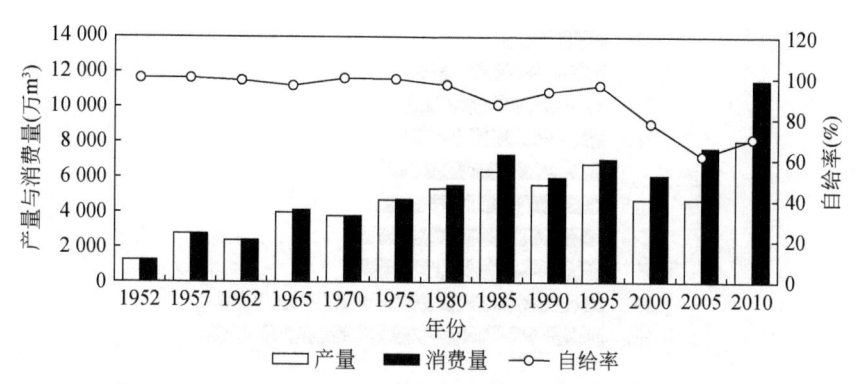

图 4-5　1952~2010 年中国木材的产量、消费量与自给率变化

品的需求呈现快速上升局面。为了应对这一快速变化，国家不得不扩大铁矿石的进口规模，以确保国内钢铁工业发展的供需平衡。其结果是，到 2010 年，中国铁矿石供需的自给率已经下降至 63.4%，与 1980 年相比，降幅高达约 35 个百分点（图 4-6）。

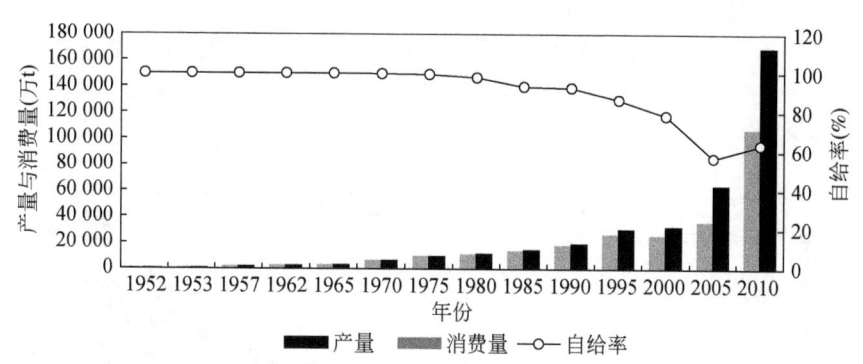

图 4-6　1952~2010 年中国铁矿石的产量、消费量与自给率变化

实际上，随着国内制造业生产能力的大幅提升，除了铁矿石外，21 世纪以来中国许多关键矿种的初级产品供应也越来越依赖于国际市场。2011 年中国其他初级矿产品如铬、钾、铜、铅、硫、锰、钴、铝土和锌等关键矿种的对外依存度已经达到 24%~94%（杨兵，2013）（图 4-7）。

第四，能源供应保障。与矿产资源相同，虽然中国的能源资源总量相对较大，但存在煤多、油少、气缺的明显缺陷，品种自身的结构不尽合理。例如，目前我国矿物燃料资源中，煤炭、石油和天然气的比例为 96.3∶3.3∶0.4，与全球的 68.2∶29.2∶2.6 相去甚远。如此能源资源基础特征成为中国工业化长期发展的"致命门法"。

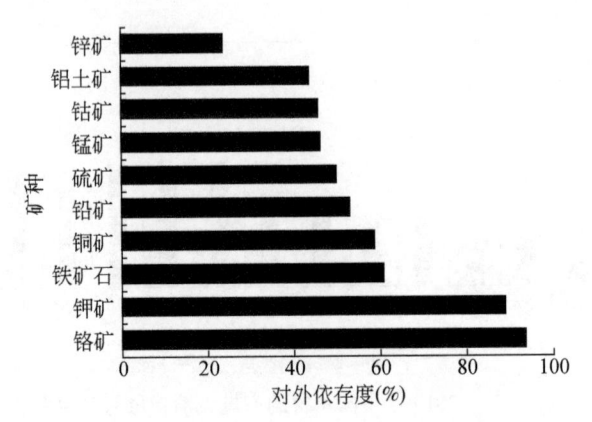

图 4-7　2011 年中国关键初级矿产品对外依存度

应当说在国家工业化初期，依赖国内煤炭绝对主导地位的能源供应尚能基本维系整个社会经济的发展需求，但在工业化高速发展阶段，原有的能源供应模式迅速受到来自产业结构升级、城市化发展和环保需求增强三个方面的巨大压力。为此，自20世纪80年代以后，中国开始放弃能源供应完全自给的政策，通过国际市场开拓来增强自身能源供应的安全，因而造成中国能源供应自给率的持续下降。2010年中国一次能源供应的自给率为91.4%，较1980年减少14.4个百分点（图4-8）。

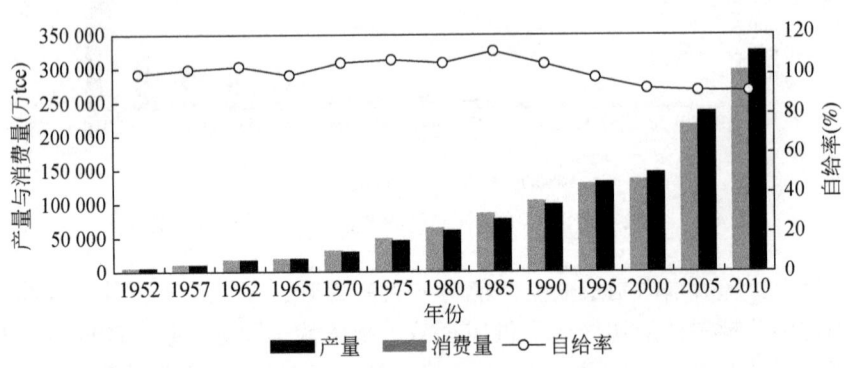

图 4-8　1952～2010 年中国一次能源的产量、消费量与自给率变化

在上述变化中，快速增长的石油（原油，下同）进口作用最为关键。石油贸易是国家工业化以来中国能源供应系统唯一长期保持开放性特征的矿种。20世纪60年代中期以前，中国石油及制品消费的半数以上来自苏联。70～80年代，随着国内石油资源的大规模开发，中国开始进入世界石油市场，以改善国际贸易和提高出口产品换汇率水平。进入90年代中期后，中国再次回归到原油净进口国的位置上，且进口规模大幅上升。到2010年原油进口数量已超过3.0亿t，以

致国家原油供应的自给率进一步降至41.7%（图4-9）。

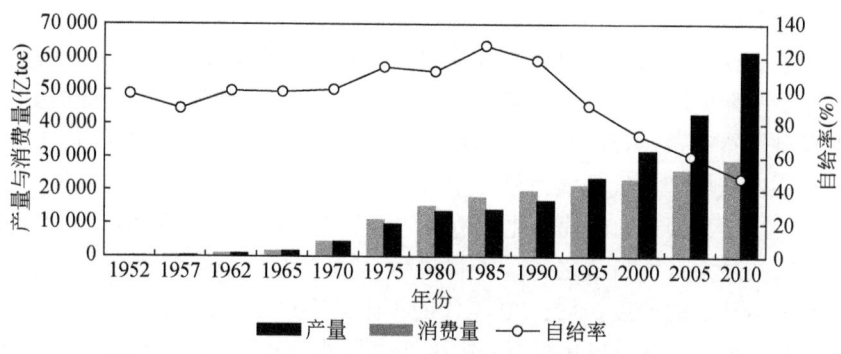

图4-9　1952~2010年中国原油的产量、消费量与自给率变化

然而，事情的发展并未到此为止。进入21世纪后不久，作为传统主导能源矿种的煤炭和作为新兴能源矿种的天然气也先后加入大规模进口的行列中（图4-10和图4-11）。

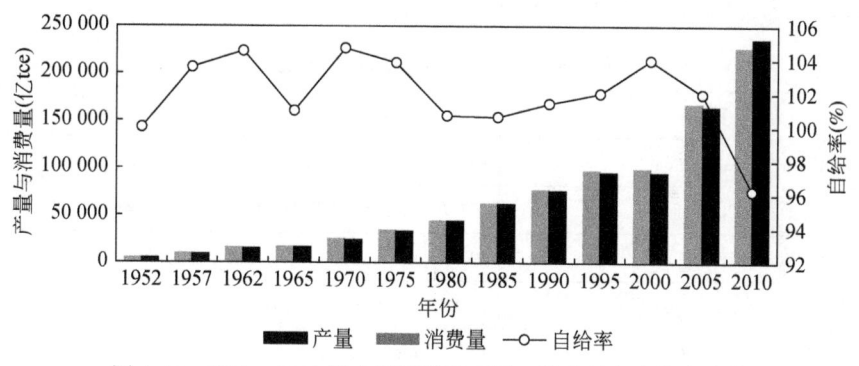

图4-10　1952~2010年中国煤炭的产量、消费量与自给率变化

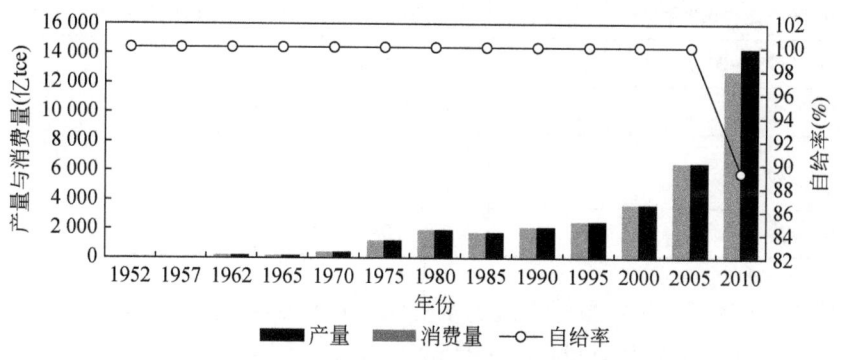

图4-11　1952~2010年中国天然气的产量、消费量与自给率变化

4.3.2.2 环境压力

正如笔者在 1.3.1.2 节中有关资源和环境的互通性阐述一样，中国国家人地关系演进中的环境压力一方面来自资源开发或利用不当而引发的环境问题，另一方面则来自自然灾害。资源开发或利用不当所引发的环境问题主要反映在土地荒漠化、水环境破坏和大气环境污染三个方面。

第一，土地荒漠化。由荒漠化而造成的人类有效生存空间缩小是中国人地关系演进面临的最大环境挑战之一。资料显示，20 世纪 50 年代，我国土地荒漠化面积以 1560km²/a 的速度扩展，80 年代的扩张速度达到了 2100km²/a，90 年代则进一步升至 2460km²/a。与此相应，中国北方强沙尘暴天气的发生次数也由 50 年代的 5 次增加到 90 年代的 23 次（表 4-3）。应当说，自 2005 年以来中国土地荒漠化的恶化趋势开始受到总体遏制。到 2014 年中国荒漠化土地面积连续 10 年"缩减"，其中，2009~2014 年，全国荒漠化土地面积净减少 12 120km²，年均减少 2424km²（国家林业局，2015）。然而，面对占国土总面积达 27.0% 以上的荒漠化土地，中国土地资源开发环境的改善任重道远。

表 4-3　我国资源环境基础耗损变化

项目	增长与变化状况
耕地面积占可耕地面积比例	1953 年比例为 88%，2010 年比例为 132%
土地沙漠化面积（2009 年）	263 万 km²，约占陆域国土总面积的 27.4%
水土流失面积（2010 年）	295 万 km²，约占陆域国土总面积的 30.7%
淡水资源占用（1952~2010 年）	以每年 2.67% 的速度递增
一次能源消费（1952~2010 年）	以每年 7.65% 的速度递增
金属矿产消费（1953~2000 年）	以每年 8.2% 的速度增长
废气排放（1952~2010 年）	年递增在 5.10%（其中，二氧化硫为 4.44%）
废水排放（1952~2010 年）	以每年 5.56% 的速度增长
生物多样性	植物物种 15%~20% 处于濒危状态
酸雨面积（2000 年）	占国土总面积的 2/5，其中，酸雨控制区占国土面积的 11.4%
水域面积萎缩	以每年 2.01% 的速度递减

第二，水环境破坏。虽然中国的水资源总量相对可观（在 11 个人口大国中位居第四），但是人均拥有量仅有 2100m³，相当于全球人均水平的 34.2%，在六大关键资源环境要素中处在最为薄弱的位置上。然而，自国家工业化以来，中国

的水环境也开始呈现日趋恶化的局面。一方面，随着社会用水量的增长，中国的污水排放也呈现出快速上升的态势。2010年，全国工业和生活污水的排放量较1952年增长了约20.0倍。如此快速增长最终引发了20世纪90年代以来全国大范围的水环境污染，其中"三河三湖"中的海河、辽河和淮河3个流域，超V类水河长分别占56%、48%和41%，太湖、滇池、巢湖三大湖的水质则为V类~超V类，成为全国水污染治理的重中之重。另一方面是因过度开发而产生的江河断流，其中，最为典型的就是作为中华文明发育母亲河的黄河。黄河流域的现代开发始于20世纪50年代中期。经过大约60年的大规模治理和开发利用，在黄河干流上先后修建了170余座大中型水库，初步形成了"上拦下排、两岸分滞"的防洪工程体系，取得了连续50年伏秋大汛不决口的伟大成就。与此同时，通过上千处取水调水工程，担负西北、华北地区约1.4亿人、1600万 hm^2 耕地和50多座大中城市及能源基地的供水和电力供应。黄河流域开发在防灾、供水、灌溉和发电等方面所发挥的巨大效益，使流域人文社会经济的发展有了根本变化。然而，随着开发的深入，消费需求的快速增长最终突破了流域生态系统承载力的极限，并开始危及系统自身的生存发育。观测数据显示，1972~1997年，黄河出现了连续性断流。这条历史上曾被赞誉为"奔流到海不复还"的黄河已经开始直面成为一条间歇河的危机（图4-12）。根据相关分析，50~90年代，通过各类工程控制，流域人文系统的黄河水量使用从135亿 m^3 增加至308亿 m^3。与此同时，黄河入海流量则从近580亿 m^3 减少至187亿 m^3（陈霁巍和穆兴民，2000；李有利等，2001；李会安和张文鸽，2004；刘昌明和张学成，2004）。与此同时，2008年黄河V类及劣V类的河段长度较1999年增加了近13个百分点。断流加污染最终造成河道淤积、河口岸线后退、局部河段鱼类灭绝及近海水域生物资源萎缩，致使整个流域生态系统明显退化（王颖和张永战，1998；崔树彬

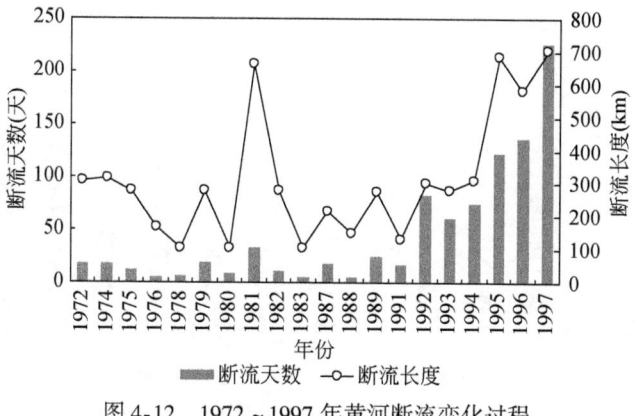

图4-12 1972~1997年黄河断流变化过程

等，1999）。

第三，大气环境污染。中国的大气环境污染主要体现在碳与颗粒物的排放量方面。在碳排放方面，由于无法从根本上改变以煤为主的能源供应状态，自国家工业化以来中国的碳排放基本保持着快速上升的局面。20世纪50年代初，中国碳排放还只有全球排放总量的3.0%，1980年也只有不足8.0%，但在经历30年的快速经济发展后，在2010年跃升至全球排放总量的近1/4（图4-13）。作为世界上第一大碳排放国，当2016年4月有关全球气候变化的《巴黎协定》签署与2017年6月美国总统特朗普宣布退出《巴黎协定》时，中国政府坚定的减排态度和决心理所当然地受到世界各国普遍的赞扬和支持。与碳排放的国际影响相比，颗粒物所造成的大气污染更具区域性，中国居民、特别是城市居民更为关注大气环境污染中的颗粒物排放治理。统计数据的分析显示，作为颗粒物污染源，中国的烟（粉）尘排放增长速度远低于煤炭消费的增长速度（图4-14）。这种情况的出现可能是因能源使用者，特别是工业部门的能源使用者普遍通过回收技术以减少烟尘的排放所致。尽管如此，90年代以后，中国北方许多城市的大气污染明显加重。为此，中国环保部门对1982年制定的《环境空气质量标准》（GB 3095—1982）进行了两次修改（GB 3095—1996和GB 3095—2000），以加强对城市大气环境的治理。自修改的标准正式执行后，全国城市的空气质量似乎出现一定好转的趋向。然而，2004年以来情况开始发生逆转，灰霾气象的出现成为中国许多城市大气环境污染的又一个挑战。为此，环保部门又于2012年对《环境空气质量标准》进行了第三次修改（GB 3095—2012）。根据环境保护部《2013中国环境状况公报》报道，2013年全国平均霾日数为35.9天，比上年增加18.3天，为1961年以来最多。具体而言，这一年中国的中东部地区发生了2次较大范围区域性灰霾污染，且呈现出污染范围广、持续时间长、污染程度严重、污染

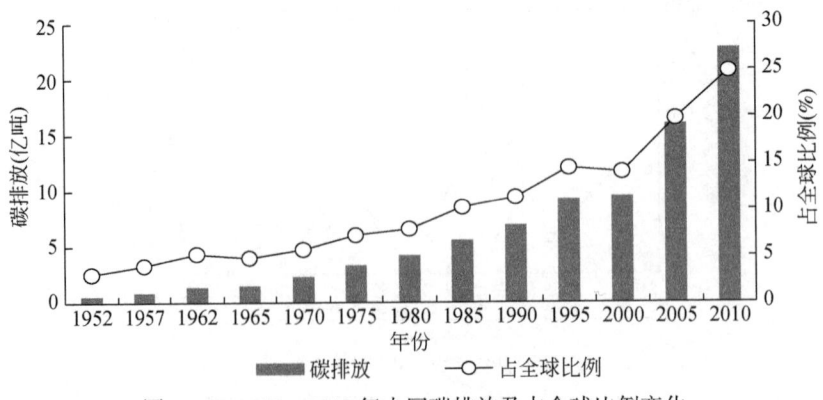

图4-13　1952~2010年中国碳排放及占全球比例变化

物浓度累积迅速等特点,且污染过程中首要污染物均以 $PM_{2.5}$ 为主。其中,1月的灰霾污染过程接连出现 17 天,污染较重的区域主要为京津冀及周边地区,特别是河北南部地区;12 月发生的严重灰霾污染过程地域更广,主要集中在中东部地区的长三角区域、京津冀及周边地区和东北部分地区(表4-4)。

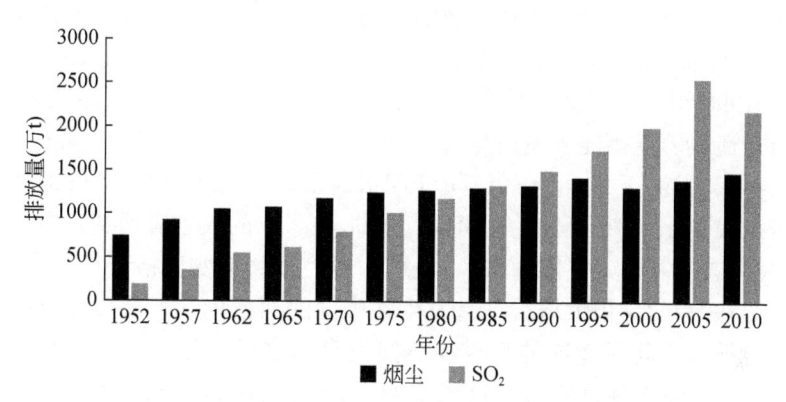

图 4-14　1952~2010 年中国 SO_2 和烟尘排放

表 4-4　2013 年全国重点区域 47 座城市大气环境达标监测结果　(单位:个)

区域	城市总数	SO_2达标	NO_2达标	PM_{10}达标	CO达标	O_3达标	$PM_{2.5}$达标	综合达标
京津冀	13	7	3	0	6	8	0	0
长三角	25	25	10	2	25	21	1	1
珠三角	9	9	5	5	9	4	0	0

资料来源:《2013 年中国环境状况公报》

4.3.2.3　自然灾害

由于自然地理环境复杂多样,中国的自然灾害频繁,发生概率大,经常造成人员和社会财富的巨大损失。自古以来,中国人都把这种自然现象视为国家人地关系演进的一种必然反映。所不同者,农耕文明时期,人们对自然界怀有极大的敬畏,常把各种天灾的发生及所造成的各类人文社会损失看作上苍对国家统治者施政过失和社会行为失当的惩戒或警告;进入现代文明时期后,人们则更多地寄希望于科学技术的进步,以努力认识地球自然环境并能主动掌控人文社会的受灾损失。在现代国家的组织下,人类应对自然灾害的能力有了很大程度的提高。但是严酷的现实却是,随着人口数量的增长和社会财富积累的加快,自然灾害在现代社会所造成的损失不减反增。世界如此,中国更是如此。根据国家民政部门的数据,在 20 世纪 90 年代以前,自然灾害对我国社会经济造成的直接经济损失在 3000 亿元（当年价）的以内（国家统计局和中华人民共和国民政部，1995；国家减灾中心灾害信息部，2009）。此后，随着社会经济的发展，自然灾害对我国社会经济造成的直接经济损失便呈现出一直上扬的局面。在国家"九五"期间（1996~2000 年），这种损失已经超过了 1.0 万亿元的水平，而到国家"十一五"期间（2006~2010 年）则更是达到 2.6 万亿元以上的新水平（图 4-15）。例如，国家工业化以来长江流域曾发生过两次特大洪水，分别是 1954 年和 1998 年。按照洪水最大流量计算，1998 年发生的特大洪水比 1954 年要小，但是造成的直接经济损失却高出 1952 年近 8.0 倍（文玉，2005；骆承政，2006）。再如，发生于 2008 年的汶川（四川西部）大地震造成了 8520 多亿元的直接经济损失，比 1976 年发生在唐山（河北东部）的大地震所造成的损失高出 63 倍（国家减灾中心灾害信息部，2009），即使按照不变价格计算，也高出 2.1 倍。如果 2008 年的汶川大地震不是发生在中国的西部山区而是发生在中国东部沿海地带，那么由此所造成的直接经济损失恐怕难以估量。与此同时，2008 年初发生了罕见的雨雪冰冻灾害。这场持续了 20 多天的低温雨雪冰冻天气，影响范围多达 20 个省（自治区、直辖市），造成全国直接经济损失 1516 亿元（彭珂珊和彭桦，2008）。依据相关分析，如果将这场发生在 2008 年的低温雨雪冰冻天气向前推至 2000 年，那么由其所造成的全国直接经济损失有可能下降 1/4（张雷和黄园淅，2013）。

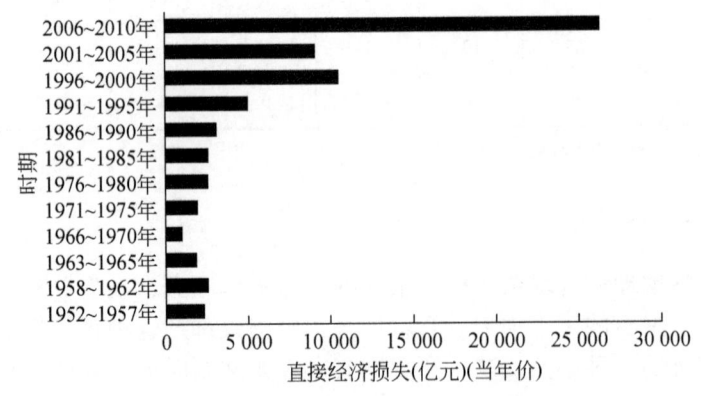

图 4-15 1952~2010 年中国自然灾害直接经济损失

4.4 结　　论

长期的农耕文明在造就了中华民族现代化发展基础的同时，也使国家水土资源基础的开发潜力所剩无几。应该说，20 世纪 50 年代以来的大规模工业化及相关基础设施建设极大地拓宽了资源开发的广度和深度。然而，受资金不足和技术水平限制，大规模工业化初期的社会生产使得中国不得不更多地依赖增大资源环境的要素投入来实现发展目标。因此，迅速增长的资源消费及由此引发的环境破坏在所难免，其中，以能源、矿产消费的增长和大气环境的破坏最为明显。

20世纪80年代中期以来，大规模的市场开放、技术引进和经济结构调整使得原有的资源使用效率到很大程度改善，但国家资源环境基础的压力承载并未因此而得到相应的减缓，反而变得愈发沉重。究其原因，在于庞大的人口数量、迅速提高的生活水平及保持依旧的传统开发理念。90年代以来，快速增长的石油与矿产进口、持续多年的黄河断流、迅速扩大的荒漠化面积（包括北方地区沙尘暴）、损失巨大的长江流域洪涝灾害和四川汶川地震，以及近年来全国大范围发生的灰霾肆虐等事件不断地证明着这样一个基本事实，即中国目前的国家人地关系已经进入全面紧张状态。

有鉴于此，如何在正确认识我国自身资源环境本底特征的基础上，通过资源环境开发利用的科技创新和有效管理，将以资源环境投入为主的传统社会生产模式逐步转变到以人力智慧投入为主的绿色社会生产模式，最大限度地减缓乃至遏制日趋紧张的国家人地关系应是我国未来国家持续发展的长期目标和基本任务。然而，要落实这一目标和任务，还需要对中国资源环境基础和人地关系的空间结构与演进特征做出科学的认知和正确的判断。

第 5 章　中国资源环境基础的空间结构特征分析

作为世界上最大的发展中国家，由于庞大的人口数量和强烈的发展欲望，中国的现代化发展始终面临着来自本国资源环境基础的严峻挑战。这种挑战不仅来自国家资源环境整体保障能力的有限性，而且同样来自资源环境的要素空间组合状态与开发特征。显然，能否建立资源环境基础及开发的科学认知既是中国持续发展无法回避的一个重大现实问题，也是中国区域持续发展必须解决的一个重大理论课题。

近年来，在工业化和城镇化的快速发展及由此造成的资源环境压力急剧上升的双重作用下，能否突破国家既有的西疏东密的二元人口分布格局，以实现国家财富增长能力的西向空间扩张，再一次成为我国科学界和相关部门关注的话题（黄园淅和杨波，2012；马海涛，2015；陈明星等，2016；陆大道等，2016）。从地理学的角度看，这一问题的科学答案需要从国家人文活动的长期实践中寻找。

1935 年，胡焕庸在地理学报发表了《中国人口之分布——附统计表与密度图》的论文（胡焕庸，1935）。根据胡焕庸的研究，长期以来中国人口分布的空间格局以东南—西北划分，其分界线北起黑龙江的瑷珲县（现黑河市爱辉区），南抵云南省的腾冲县。该线的东部地区人口相对稠密，西部地区人口相对稀疏，这就是著名的胡氏人口分布线（即胡焕庸线）。虽然此后经历了长期的内外战乱和大规模工业化建设，但作为中国人口空间分布差异的标准基线，胡焕庸线的地位从未发生过根本性的动摇。遗憾的是，长期以来人们对构成这条国家人口空间分布差异基线的资源环境基础与开发条件未能给予足够的重视和系统的科学论证，因此，每当中国发展面临新的人地关系压力挑战时，国家人口能否进行西向突破的争论便会一再扰动学界与社会，且延续至今。难怪胡焕庸在论文发表了半个多世纪后，依然在不断告诫学界同仁：研究人口活动，切莫忽视自然与地理这一"物质基础"，否则将成为虚无缥缈的幻影（胡焕庸，1987）。显然，没有对中国资源环境基础空间结构特征与地理开发条件的科学认识，便无法对胡焕庸线的形成及未来演进趋势做出合乎逻辑的正确判断。

5.1 基本认识与基本概念

5.1.1 基本认识

对人类发展,特别是大规模人类开发活动而言,地球物质能量的作用主要体现在以下3个方面。

第一,基础性。人类居住的地球物质世界是由大气(大气圈)、矿物(岩石圈)和水(水圈)三大基本要素组成。土地是三大基本要素的再造物,它是大气圈和水圈在地球内外动力影响下长期共同作用于地表矿物圈的物质能量交换结果,因而形成了包括山川、沙漠、平原和湿地等形态各异的土地类型。种类繁杂的植物和动物则正是根植于这三大基本要素及土地基础之上的衍生物群体。上述基本要素、要素再造物和衍生物群体就是人类生存和发展的资源环境基础所在。

实际上,作为地球物种的一个生物种群,物质的供应和保障始终是人类社会生存和发展的第一需求,是人类文明发育的物质基础所在。尽管人类社会目前已经步入信息时代,但是人类对自然资源基础的这种依赖程度并未因此而出现丝毫的减弱。相反,随着人口数量的快速增长和社会财富积累的大幅提升,人类对自然物质基础的这种依赖程度表现得反倒愈加强烈。这既是地球物质能量的基础性内涵,也是人地关系演进中资源环境基础的基本内涵。

第二,整体性。尽管地表空间的资源环境禀赋存在明显差异,但是人类生存和发展在资源环境要素的开发利用及保障的需求方面却保持着一种共性特征。这种需求的共性特征决定了淡水、耕地、草场、森林、能源和矿产是维系整个人类生存和发展的六大基本要素和自然物质基础所在。人类文明发育程度越高,消费需求越多元,资源环境基础开发的这种整体性显示得也就越强烈。这一点对人口规模超过1亿人以上的国家而言,显得尤为重要(张雷等,2017)。

需要指出的是,由于上述六大资源环境要素在人类文明发育历史的投入顺序与作用不尽相同,这六大资源环境要素又可划分为生存要素和发展要素两类(详见1.3节)。

第三,局限性。这种局限性不仅体现在资源环境空间分布存在的数量多寡和质量优劣差异,更体现在资源环境的开发条件或地理环境方面。由于地球是不平的,地势起伏、地形破碎和十里不同天等地理条件极大地干扰了地表物质能量空间输送与交换的正常秩序,因而对人类的大规模资源环境开发产生明显的制约作用。当今世界近80%的人口分布在北纬20°~60°的温带和亚热带地区(水平方向）和近半数人口集中于距海岸200km以内地区（垂直方向，海拔1000m以下）正是对这种资源环境基础开发局限性的最佳诠释。换言之，这种空间分布的局限性正是决定国家与地区间资源环境本底或禀赋差异及其开发格局特征的关键所在。

5.1.2 基本概念

基于上述认识，展开中国资源环境基础与区域开发模式分析需要首先进行国家资源环境本底的区域格局总体分析；其次，进行地理开发条件评价；最后，在资源环境基础（本底）与地理开发条件的共同作用下，展开有关区域资源环境禀赋分类及开发模式选择分析（图5-1）。

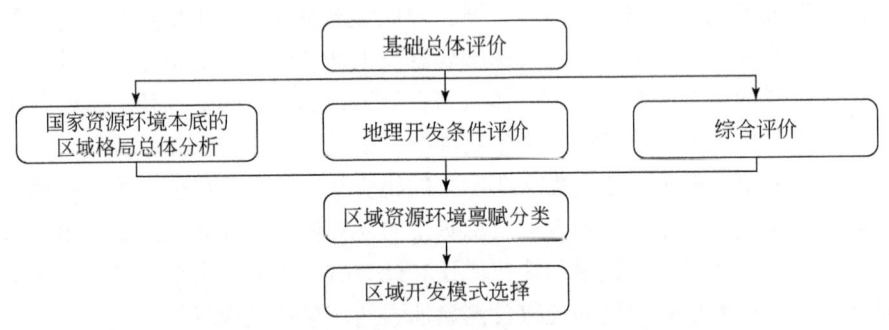

图 5-1 资源环境基础与区域开发模式分析逻辑框架

1) 资源环境本底评价。在此方面，同样是在淡水、耕地、草场、森林、能源和矿产六大资源环境要素组合的基础上展开，以此形成中国资源环境区域格局的本底评价。

2) 开发条件评价。考虑到资源环境开发的地理条件（要素）影响，在定位中国区域资源环境基础的空间开发适宜程度时，笔者增加了区域地形高程、≥10℃年积温和多年平均降水量三大地理要素的综合评价。从人类文明发育的长期实践看，≥10℃年积温和多年平均降水量对淡水、耕地、草场与森林四大资源的开发至关重要，而区域地形高程对农业生产与矿产采掘及加工等方面均产生重大影响。为此，笔者把这种地理要素的综合评价称为资源环境基础的地理开发条件评价，以此客观地展现中国区域资源环境开发特征。

3) 区域资源环境禀赋开发分类。根据资源环境本底与开发条件的分析结果，以差异化最小原则进行区域开发模式的分类。

上述概念的设计源自于木桶制作的基本原理。通常，制作木桶主要取决于桶底、桶帮和桶箍这三大材料单元。其中，桶底决定木桶的大小，桶帮决定木桶盛水的多少，桶箍则决定木桶整体能否正常发挥盛水的作用。从区域资源环境基础评价的角度看，地区的国土面积可以被视为桶底，地区的资源环境各要素拥有水平可以被视为桶帮，而该地区的地理开发条件便可被视为桶箍的概念便可成立。

5.2　基本评价公式

依据上述认识和概念，笔者初步设计了有关区域资源环境基础与区域开发模式分析基本评价公式。

5.2.1　资源环境本底评价

这一评价在于揭示资源环境本底的区域格局特征，其基本公式可以表达为

$$QF_{di} = \sum_{i=1}^{n} f_{si}, f_{di} \quad (0 \to \infty) \tag{5-1}$$

这是分析区域资源环境本底特征的第一步。其中，QF 为区域（按省级地域单元计，下同）的资源环境基础本底特征；f_{si} 为区域单位国土面积的四大资源环境生存要素（淡水、耕地、草场和森林）指标与相应的全国平均指标之比值，其要素的权重值为 1.0；f_{di} 为区域单位国土面积的两大资源环境发展要素（能源和矿产）指标与相应的全国平均指标之比值，其要素的权重值为 0.2[①]。总体而言，当 QF 值域小于 4.40（全球资源环境禀赋特征值[②]）时，认为该区域的资源环境禀赋水平低，当 QF 值域大于 4.40 时，认为该区域的资源环境禀赋水平高。

5.2.2　地理开发条件评价

这一评价用于刻画区域资源环境的地理开发特征，其基本公式可以表达为

$$G = \sqrt[n]{\prod_{i=1}^{n} a_i} \quad (0 \to \infty) \tag{5-2}$$

[①]　六大资源环境要素的权重赋值是由各要素投入在支撑国家长期人文生产活动过程的经济产出时效性计算得来，其基础数据（时间跨度为 2000 年）来源于安格斯·麦迪森撰写的《世界经济千年史》一书。

[②]　全国资源环境禀赋特征值（4.40）的计算如下：第一步，计算省级地域单元单位面积的六大资源环境要素拥有量；第二步，以全国单位面积的六大资源环境要素拥有量为分母，省级地域单元单位面积的六大资源环境要素拥有量为分子，计算出区域六大资源环境要素的初始特征值；第三步，根据要素权重，计算出区域六大资源环境要素的最终特征值；第四步，进行六大资源环境要素最终特征值的求和，分别获取各区域与全国资源环境禀赋特征值，其中，全国的资源环境禀赋特征值为 4.40。

式中，G 为区域地理开发条件系数；a 为地区地理开发条件要素与相应全国开发条件要素均值的比值。

5.2.3 要素综合评价

这一评价用于揭示资源环境开发适宜程度的区域分异基本特征，其基本评价公式为

$$IFA_{di} = QF_{di} \times G_{di} \quad (0 \to \infty) \tag{5-3}$$

式中，IFA 为区域资源环境开发适宜度特征；di 为省级区域。

5.3 评价结果

依据分析结果，中国资源环境基础的空间结构存在一个从禀赋本底到开发条件，再到综合评价的方向聚焦过程。

5.3.1 区域资源环境本底特征

总体上看，我国资源环境本底的区域格局基本上表现出自东向西递减的特征，但个别省市例外。例如，东部沿海的上海地域狭小，唯有依赖耕地和淡水两大要素的支撑，其他资源极度匮乏，以致当地的资源环境本底总体评价只有3.90，低于全国均值水平。再如，西部地区的宁夏除了淡水资源外，其他五大资源要素均有较好表现，因此，其资源环境总体评价为4.83，略高于全国均值水平（图5-2）。

5.3.2 地理开发条件评价

在此方面，评价所展现的是一幅自东南向西北的开发优势逐步递减的清晰图像。具体而言，中国的地理开发条件最优地区均分布在东南9个省（自治区、直辖市）（值域>2.5）；北方沿海及中部地带则为开发地理条件较优的地区（值域1~2.5）；而整个西部地带的资源环境开发条件则为最差（值域<1.0）（图5-3）。

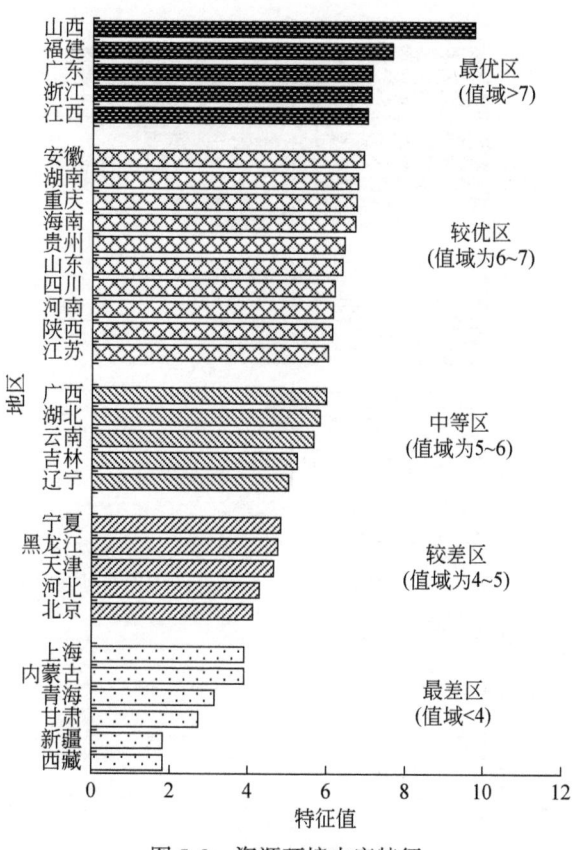

图 5-2 资源环境本底特征

图中数据未包含港澳台在内，余同

5.3.3 区域资源环境开发综合评价

依据国家资源环境开发总体适宜度4.4的阈值划分，我国区域资源环境的综合开发特征大体可分为三大地带：第一，包括东南沿海与部分中部地区12个省份的资源环境综合开发适宜度超过了13.2，为全国总体适宜度阈值水平的3.0倍以上，说明大规模开发的基础和条件完全具备，可视为适宜大规模开发区；第二，整个东北及部分华北与中西部地区13个省份的资源环境综合开发适宜度则保持在全国总体适宜度阈值水平的1.0~3.0倍，说明大规模开发的基础和条件基本具备，可被视为较适宜大规模开发区；第三，整个西北及内蒙古与西藏6个省份的资源环境的综合开发适宜度均低于全国总体适宜度4.4的阈值水平，说明大规模开发的基础和条件存在明显欠缺，可视为不适宜大规模开发区（表5-1和图5-4）。

图 5-3 资源环境地理开发条件评价

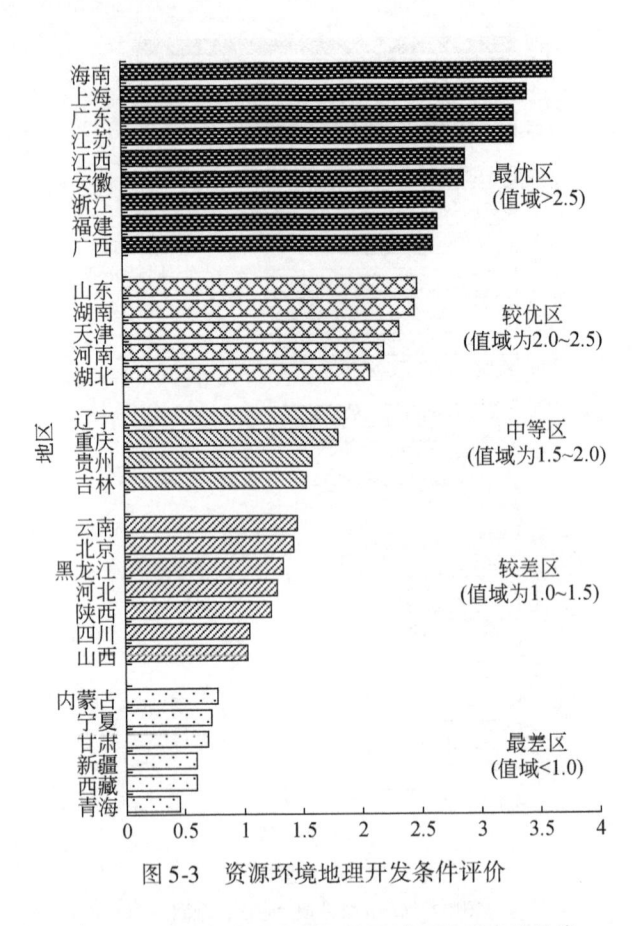

表 5-1 2010 年中国资源环境区域开发适宜度分类

序号	开发适宜度分类（分类标准）		数量	省（自治区、直辖市）	面积（万 km²）	占全国（%）
1	适宜大规模开发区（>13.2）	I	5	山东、上海、河南、湖南、广西	163.2	17.09
		II	7	江苏、浙江、安徽、福建、江西、广东、海南		
2	较适宜大规模开发区（4.8～13.2）	I	8	北京、河北、辽宁、吉林、黑龙江、四川、云南、陕西	268.3	28.09
		II	5	山西、天津、湖北、重庆、贵州		
3	不适宜大规模开发区（<4.4）		6	内蒙古、甘肃、青海、宁夏、新疆、西藏	523.6	54.82
	总计		31		955.1	100.00

第5章 中国资源环境基础的空间结构特征分析

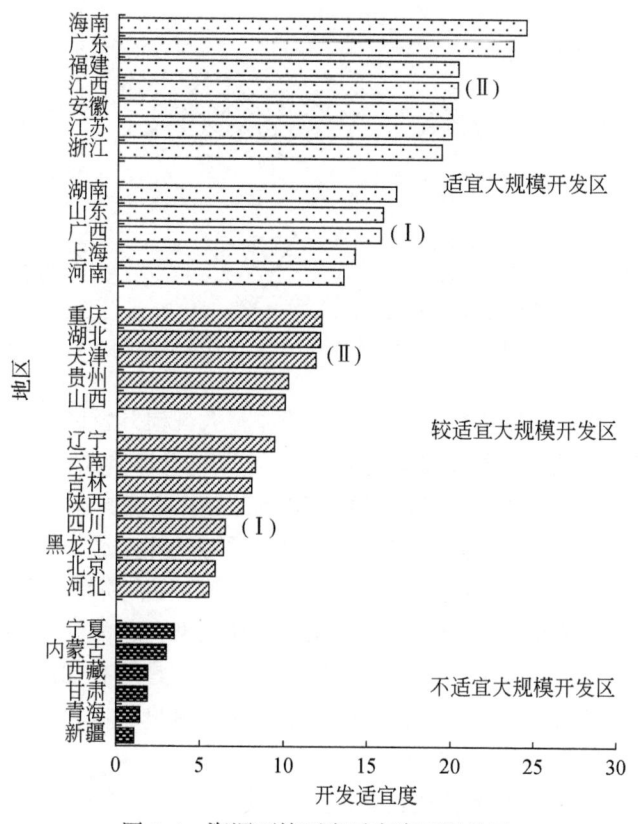

图 5-4 资源环境开发适宜度区际差异

如此综合开发适宜度的区域结构特征恰恰体现了中国自然生态系统发育的金字塔形空间格局安排。按国土面积的多少（桶底的大小）排列，西部地区最大，中部地区次之，东南地区最小；若按资源环境禀赋和开发条件（桶帮和桶箍）的优劣排序，东南地区最佳，中部地区次之，西部地区最弱。如此排序形成了一组国家自然生态系统发育及其适宜开发程度的正反（倒）相对的金字塔形空间组合（图5-5）。

首先，作为国家自然生态金字塔构造的底层，不适宜大规模开发区（西部地区）的面积占全国的54.82%。尽管深处内陆，海拔陡峻，气候多变，降水稀少，地理景观为草场、大漠与冰川主导，系统发育十分脆弱，不适宜人类大规模生存与繁衍，但是这一地区却是较适宜大规模开发和适宜大规模开发两大区自然生态系统最大的保护屏障所在。实际上，长期以来这一地区始终是国家自然生态系统整体发育的大气来源之所和水源生成之地。作为全国物质能量空间交换的重要场所和地域，这一地区对我国西北—东南向的季风气候格局的基本形成与总体变化，以及主要河流（长江和黄河）自西向东的基本走向起着决定作用。

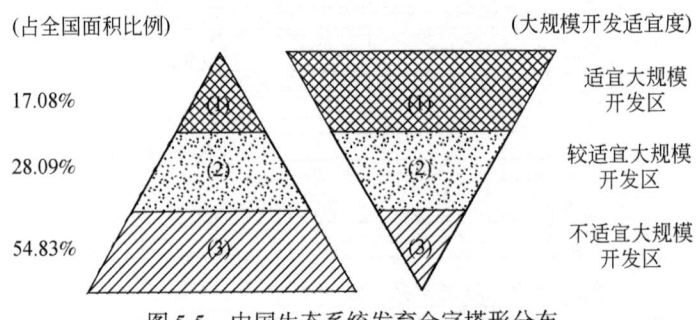

图 5-5　中国生态系统发育金字塔形分布

其次，作为生态金字塔构造的中层，较适宜大规模开发区（大体相当于中部地区）在国家生态系统的物质能量空间交换过程中发挥着关键作用。总体而言，这里的地势虽然相对较高（海拔均值>1200m），但地貌类型多样，降水相对充沛，生物种群多样，物质能量空间交换的效果相对较佳。这一地区的国土面积虽然仅占全国的 28.1%，但却集中了全国近半数的森林、耕地、矿产与近 60% 的矿物燃料资源。更为重要的是，这里为我国珠江、淮河、海河、松花江与辽河五大流域及长江和黄河两大流域的主要支流发源地。正是拥有如此良好的资源环境基础与较佳的开发条件，这一地区才成为华夏先民最早的生存和繁衍场所及国家文明发育的主要发祥地。

最后，与上述两类地区相比，适宜大规模开发区（东南地区）是整个国家物质能量空间交换效果最佳的地区。由于地势相对平缓，热量充足，水量丰沛，在仅有全国 17.1% 的国土面积上，集中了全国 41.2% 的淡水资源、37.0% 的耕地资源和近 30.0% 的森林资源。由于这里的资源环境开发条件远优于中西部地区（按资源环境开发条件特征值计算，东南部地区为中部与西部地区的 1～2 倍），因此，自盛唐中期（约在公元 640 年）以来国家农耕经济的发展重心便逐步从较适宜大规模开发区的黄河流域中段转移至这里，并最终占据了全国资源环境开发效果最佳场所的位置，且延续至今。

需要指出的是，上述综合开发特征的分析为人们认知长期以来中国人文活动空间规律提供了一种科学视角。根据要素综合分析，2010 年适宜和较适宜大规模资源环境开发两类区域的面积虽然只占全国的 45.17%，但这里却承载着全国 93.5% 的人口、94.6% 的 GDP 和 88.5% 的碳排放。此种现代人文活动特征与胡焕庸分析的农耕时期人口分布的特征基本一致（表 5-2）。换言之，无论科学技术发展到何种阶段，依据资源环境基础差异和地理开发条件优劣，不断强化和提升人文社会活动自身的空间组织合理性和有效性，依然是现代人类文明发育的最基本手段和最重要途径。这正是人类文明发育过程的地理内涵所在。

表 5-2　1933~2010 年中国人文活动空间分布比较　　（单位：%）

项目		面积	人口	GDP	碳排放
胡焕庸线分析（1933 年）	东南半壁	43.8	94.1	94.9	96.2
	西北半壁	56.2	5.9	5.1	3.8
要素综合分析（2010 年）	东南半壁	45.2	93.5	94.6	88.5
	西北半壁	54.8	6.5	5.4	11.5

注：两个时期的面积误差率<3%，人口误差率<1%

5.4　结　　论

资源环境既是人类诞生的物质基础，也是人类文明成长与发育的物质平台。作为世界上文明发育最早和人口最多的发展中国家，中国的长期实践再次证明了这一点。资源环境的要素综合与地理开发条件的集成分析表明，中国资源环境基础的空间分异特征十分明显。

第一，国家资源环境基础的空间结构基本特征是由沿东南—西北走向的适宜、较适宜和不适宜大规模开发的三大区域组成，从而形成了国家自然生态系统整体发育的正向金字塔形结构框架。其中，适宜大规模开发区［东南部 12 个省（自治区、直辖市）］的面积相对狭小，但自然环境要素禀赋程度高，因而处在国家自然生态系统整体开发金字塔的塔尖位置；较适宜大规模开发区［中部 13 个省（自治区、直辖市）］的自然环境要素禀赋程度较高，因而处于国家自然生态系统整体开发金字塔的中部位置；不适宜大规模开发区［西北部 5 个省（自治区、直辖市）］的面积最为广大，但因其要素禀赋程度低，开发条件极为不利，处于国家自然生态系统整体开发金字塔的底部位置。

第二，决定上述三大区域格局的关键不仅在于地区资源环境本底特征的差异，更在于地理开发条件的优劣。依据全要素木桶理论，地区资源环境本底特征决定着要素拥有数量的多寡（桶帮长短和桶底大小决定木桶盛水的多少），而地理开发条件则决定要素拥有质量的高低（桶箍松紧决定木桶是否能够盛水）。从国家人文空间活动的长期实践看，地区资源环境要素的地理开发条件优劣更为重要。

第三，如此资源环境基础的结构框架始终决定国家人文活动空间格局的基本走向，无论是在农耕文明时期，还是在工业文明时期，国家人文活动空间的基本格局依然没有跨出资源环境要素与地理开发条件两者共同设定的这道"硬门槛"。实际上，作为世界四大文明发源地之一，中华文明发育之所以久历磨难，传承至今，并成功地完成了从农耕文明向工业文明的转变，其中一个至关重要的原因便是国家资源环境的长期开发始终沿着以东南指向为主的方向前行（张雷等，2017）。这也正是能够保持胡焕庸人口分布线长期稳定的根本原因所在。

近年来中国开始积极推进国家现代化发展从工业文明向生态文明的转变，其目的在于实现国家人地关系的有机协调和长期稳定。然而，欲达此目标需要充分尊重并主动适应国家资源环境基础与地理开发条件所共同构成的区域分异规律。这种充分尊重和主动适应，意味着未来国家人文活动的发展需要依据国家自然生态系统的空间分异和地理开发条件特征，探索一种更为科学和更为合理的区域资源环境开发模式，从根本上取代区域开发模式的简单复制行为。实际上，自20世纪90年代以来我国出现的长江、嫩江、松花江等流域大洪水，21世纪初的北方沙尘暴和近年来大范围的雾霾天气已经证明，以往大一统区域开发模式的简单复制功效已经走到了尽头（张雷等，2015，2017）。为实现国家未来人地关系的和谐演进，中国需要重新审视以往的资源环境开发方式和行为，通过大幅提高人文智力资源的投入和积极推进区域开发模式多样化，从根本上改变国家资源环境的整体开发效益低下和资源环境承载压力攀升的局面。因为唯有"人尽其才（智）"，才能做到"物尽其用"。从中国人口众多和资源环境禀赋相对不足的基本国情出发，人力资源的深度发掘才是中国资源环境基础持续有效开发的最大优势所在。

第6章 适宜开发区人地关系演进

中国的资源环境适宜大规模开发区（简称适宜开发区）包括了上海、河南、山东、湖南、广西、浙江、江苏、安徽、江西、福建、广东和海南12个省（自治区、直辖市），面积为163.2万 km²，是比较适宜人类生存和发展的地区。

作为全国现代人文活动最为活跃和产出效益的最佳地区，长期以来，适宜开发区在国家资源环境开发利用中始终扮演着极为重要的角色，并且将在21世纪扮演更加重要的角色。

6.1 人地关系演进状态

适宜开发区的人地关系演进大体经历了两个阶段，即相对宽松阶段和步入持续紧张阶段（图6-1）。

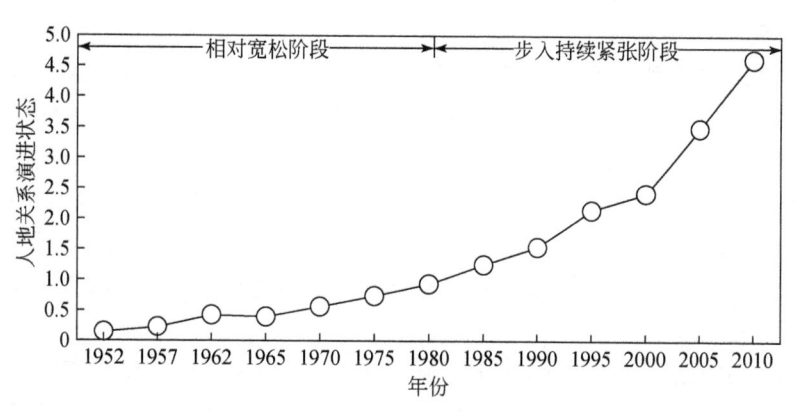

图6-1 1952~2010年适宜大规模开发区人地关系演进过程

6.1.1 相对宽松阶段（1952~1980年）

作为近现代国家人文社会活动的中心，适宜开发区的经济发展在民国中期后有一个短暂的高潮期（严中平等，2012）。但是在此后的连年战乱中，特别是抗日战争中适宜开发区的近现代经济发展基础遭到极大摧残。中华人民共和国成立之初，虽经大力恢复，适宜开发区的经济发展活力还是无法达到曾经拥有的辉煌水准。尽管如此，适宜开发区在全国人文社会活动中的中心地位还是得到了基本保障。一方面，1952年，适宜开发区的GDP占全国比例还是达到了近52.0%的高位，另一方面，该区51.5∶19.3∶29.2的三次产业结构展示出自身传统农耕社会生产的基本特征。与此同时，适宜开发区的人口城镇率仅有12.0%，与全国均值相比还低了0.8个百分点。正如此，此时适宜开发区的人地关系演进状态特征值仅有0.15，显示出了明显的宽松状态。

自第一个五年计划时期起，经历了近30年的大规模工业化开发和建设，到第五个五年计划期末（1980年），适宜开发区的三次产业结构已经演进为16.1∶62.4∶21.5（按1952年不变价计算，下同）。更为重要的是，由于此阶段强调建立相对独立的工业生产体系，适宜开发区工业发展更多的是向基础原材料部门倾斜，从而使该区重工业比例大幅提升。例如，1980年适宜开发区的粗钢、水泥、化肥和发电量的生产分别比1952年提高了约140倍、56倍、892倍和49倍，占全国的比例也分别提高了24.3个百分点、24.7个百分点、54.5个百分点和7.4个百分点。受此影响，适宜开发区的GDP超过1800亿元（按1952年不变价计算，下同），为1952年的5.1倍。然而，毕竟受到长达3个五年计划时期（1964~1978年）的国家"三线建设"影响，1980年适宜开发区GDP占全国的比例还是较1952年下降了3.1个百分点。

受国家资源环境开发空间整体西移的影响，此阶段的适宜开发区人口增长明显放缓。1980年适宜开发区人口总数约为5.1亿人，占全国比例为50.6%，与1952年相比，下降了1.4个百分点。与人口总量的增长相比，适宜开发区的人口城镇化的发育则表现得更加缓慢。1980年的适宜开发区城镇人口数约为0.81亿人，占全国城镇人口总量的42.2%，比1952年的比例下降了6.5个百分点。而此时适宜开发区的人口城镇化水平仅为15.8%，与当年全国的均值水平相比低了3.6个百分点。

需要指出的是，尽管在国家社会经济中的地位有所下降，但在资本和技术投入有限的状态下，如此大规模的工业化推进还是对适宜开发区的资源环境基础造成巨大压力。例如，1952~1980年，适宜开发的耕地面积虽然增加了551万hm^2，但耕地占全国的比例却从42.8%降至38.9%，降幅达3.9个百分点。与此同时，适宜开发区的粮食产量占全国的比例却大幅提升了超过3.2个百分点。更为重要的是，在此阶段上，适宜开发区的一次能源消费和碳排放占全国的比例更是分别提升了12.1个百分点和20.1个百分点。如此变化的结果是，适宜开发区人地关系演进特征快速升值到0.94，完全逼近了1.0的人地关系紧张理论阈值关口。与同期全国人地关系演进相比，适宜开发区的人地关系演进状态至少提前了

5年。

就人地关系演进的区域格局而言，除了上海市外，1980年适宜开发区的其他11个省（自治区、直辖市）的人地关系演进状态已有江苏、山东和河南3省跨入了1.0的紧张门槛（图6-2）。由于上海、江苏、山东和河南4省市的人口、GDP和碳排放分别占到了适宜开发区的42.7%、60.2%和58.2%，这4省市的人文社会活动的变化对适宜开发区人地关系演进的整体走向产生着决定性的影响。

6.1.2 步入全面紧张阶段（1981~2010年）

由于地处改革开放的前沿地区，进入20世纪80年代以来，适宜开发区的工业化和城镇化的进程明显加快。

总体而言，这一时期适宜开发区的经济总量始终保持着约10.0%以上的年递增速度增长，高出相对宽松阶段约4.7个百分点。在经历30年的高速发展后，2010年适宜开发区的GDP产出接近3.3万亿元，占全国的比例为51.7%，与1980年相比，大幅提升了10.9个百分点。

2010年，地区产业结构中第二产业的主导地位更改为凸显，其比例超过了79.8%，较1980年增长了17.4个百分点。如此产业结构的演进特征，极大地提升了适宜开发区在国家第二产业，特别是制造业中的核心地位。表6-1的数据分析表明，除了能源与矿产等初级产品外，在轻工纺织（如啤酒、卷烟、纱、布和机制纸等）、化工制品（如烧碱、纯碱、农药、化纤和塑料等）、建筑材料（如水泥、平板玻璃）、机械制造（如机床、大中型拖拉机）、家用电器（如空调、彩电和电冰箱等）和电子通信设备（微型计算机、手机和集成电路等）的产品制造和生产方面，适宜开发区占全国的比例均超过了50%。

表6-1 2010年适宜开发区主要工业产品占全国比例　　（单位:%）

名称	占全国比例	名称	占全国比例
原盐	56.1	水泥	55.0
成品糖	75.0	平板玻璃	52.5
啤酒	59.7	机床	63.6
卷烟	51.2	大中型拖拉机	81.5
纱	82.2	电冰箱	90.8

续表

名称	占全国比例	名称	占全国比例
布	79.2	空调	81.7
机制纸	82.0	洗衣机	90.9
烧碱	60.0	手机	61.2
纯碱	51.8	微型计算机	94.6
乙烯	56.1	集成电路	81.9
农药	76.3	彩电	80.2
塑料	61.4	发电量	50.3
化纤	93.4	轿车	49.1

在高速工业化的强力推动下，适宜开发区的空间组织结构也随之发生了重大变化。随着国家资源环境开发倾斜政策的实施，适宜开发区从根本上扭转了相对宽松阶段人口增长缓慢的局面。2010年适宜开发区人口总数超过了7.1亿人，占全国比例为53.4%，较1980年增长了1.7个百分点。与之相比，适宜开发区的人口城镇化则得到更快的发育。2010年适宜开发区的城镇人口为3.7亿人，占全国比例为55.5%；人口城镇化率为52.2%，超过全国均值水平近2.0个百分点。

快速的工业化发展和快速的人口城镇化发育必然对适宜开发区的资源环境基础产生难以承受的巨大压力。例如，1980年，适宜开发区的粮食产量超过1.7亿t，自给率为102.1%，粮食的外输量约在335万t。2010年，虽然适宜开发区的粮食产量超过了2.5亿t，较1980年增长了47.5%，但自身的粮食自给率却下降至86.9%，尚需输入约3820多万t粮食。如此快速变化最终导致适宜开发区人地关系演进特征突破了4.6，从而导致全区人地关系进入了全面紧张阶段。

与相对宽松阶段相比，这一时期适宜开发区的人地关系演进的区域格局发生了根本性的转变。到2010年，除了上海、江苏、山东和河南4个省（自治区、直辖市）外，其他8个省（自治区、直辖市）的人地关系演进状态也相继跨入了全面紧张的门槛。其中，上海、江苏、山东、浙江、河南和广东6个省（自治区、直辖市）超出全区均值水平1~20倍，安徽、福建、湖南、江西、广西和海南则仅为全区均值水平的1/4~3/5（图6-2）。

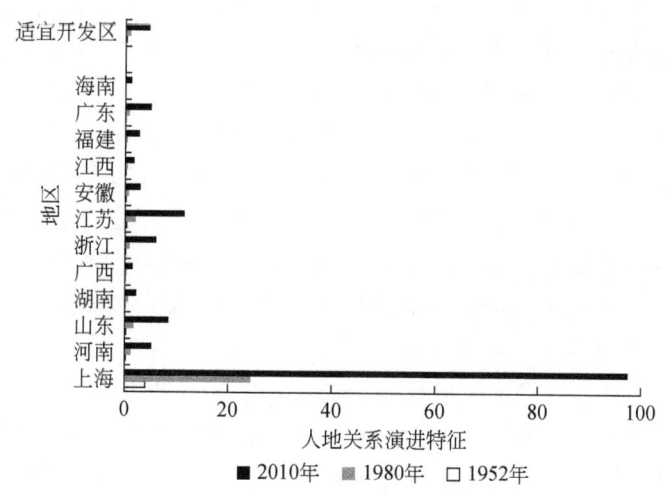

图 6-2 1952~2010 年适宜开发区人地关系演进空间格局变化

6.2 人文要素的作用分析

总体而言，在适宜开发区人地关系演进的过程中，人口增长的作用有一个不断减弱的趋势；经济发展的作用则有一个逐步增强并最终占据主导的结果；相比之下，环境污染的作用则经历了一个从长期占据主导但最终转变为次要地位的过程（图6-3）。

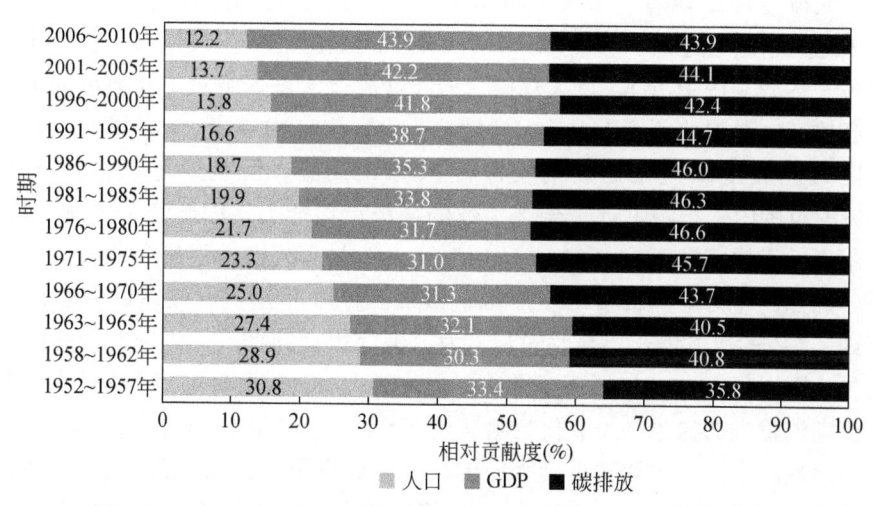

图 6-3 1952~2010 年适宜开发区人地关系演进的人文要素作用分析

首先，就人口增长而言，自20世纪60年代以来，由于执行国家人口计划生育政策，适宜开发区的人口增长速度开始出现明显减缓。在地区人地关系相对宽松阶段的1952~1985年，适宜开发区的人口增长了36.0%，与全国同期的增速相比还低了7.7个百分点。受此影响，1980年适宜开发区人地关系演进中的人口增长相对贡献度为21.70%，较50年代中期时的水平减少了9.1个百分点（图6-3）。进入80年代以来，尽管国家资源环境开发的东南指向政策对地区人口增长有一定刺激作用，但依然无法从根本上抑制人口增长持续低缓的趋势。2010年适宜开发区人地关系演进中的人口增长相对贡献度只有12.2%，与1980年相比，降幅为9.5个百分点。

其次，作为社会财富增长的代表，适宜开发区GDP增长在人地关系演进过程中的作用得到了明显增强。1952~1980年，适宜开发区的GDP增长了4.1倍，然而，由于受到国家大规模工业化建设西进（国家"三线建设"）政策的影响，适宜开发区GDP的这一增速与全国同期的4.5倍相比，还是相差了0.4个百分点。正如此，1980年GDP增长在这一进程中的相对贡献度为31.70%，与全国同期的35.7%相比还是低了4.0个百分点。改革开放以来，国家大规模工业化和城镇化的东南向发展政策重新激活了当地社会经济发展的潜力。1981~2010年，适宜开发区的GDP增长了约20.0倍，年递增率达到了10.7%，高出全国同期的增幅水平（9.9%）0.8个百分点。到2010年时，适宜开发区GDP增长在人地关系演进中的相对贡献度达到了43.90%，较1980年大幅提升了12.23个百分点，并最终占据了当地人文社会活动三大要素影响力之首的位置。

同人口与GDP两者的增长作用相比，以碳排放为代表的环境污染在适宜开发区人地关系演进过程中表现为一个明显的先升后降态势。具体而言，在相对宽松阶段（1952~1980年），以大规模人力和资源投入占据绝对主导地位的工业化进程必然产生严重的环境压力。大规模工业化之初（1957年），环境问题在适宜开发区人地关系演进中的相对贡献度只有35.8%。但是毕竟在占国土面积17.0%的范围内，集中了近乎全国半数的经济产出能力，因此到了1980年，这一贡献度已经快速升至46.60%，达到地区人地关系演进过程整个考察期的峰值水平。例如，作为全国粮食的主产区，1952~1980年适宜开发区的粮食产量以每年约2.6%的速度增长。与此同时，为了确保粮食的增长，当地农用化肥施用量的投入则以每年19.0%的速度增长。由此造成的直接后果是，适宜开发区每年向河流湖泊输入的氮也从工业化初始期的0.5万t上升至1980年的约56万t。这为之后出现的淮河、太湖和巢湖水质的严重污染埋下了巨大隐患。进入20世纪80年代后，情况似乎有了一定好转。在快速工业化的推进下，适宜开发区的社会财富积累水平有了大幅提升，在地区人地关系演进中的地位有了极大改善。即便如此，由于环保意识落后和环保措施不力，环境污染在适宜开发区人地关系演进中的相对贡献中的主导地位依然未能发生根本性动摇。例如，随着矿物燃料消费需求的大幅增长，2000年适宜开发区的SO_2排放量占全国比例为43.0%，较1980年提高了1.89个百分点。正如此，浙江、福建、江西、湖南、广东（中部）和江苏（南部）成为全国酸雨发生频率最高的地区。应当说，自"九五"计划时期（1996~2000年）以来大规模的大气和水环境治理对缓解当地环境污染的恶化势头产生了直接影响。到2010年当地环境污染的影响力已经降至43.90%，较1980年下降了2.7个百分点，并在三大人文活动影响因子的地位中开始退居经济活动因子之后。

6.3 资源环境压力分析

随着人地关系进入全面紧张状态，适宜开发区的资源环境基础所承受的压力愈来愈大。

6.3.1 资源压力

对一个仅占国土面积17.1%，而人口和GDP分别占全国53.4%和59.2%（按当年价计算）的适宜开发区而言，其人地关系紧张所造成的资源供给压力是全方位的。

第一，粮食供应保障。作为一个全国精耕农业最为发达的地区，长期以来适宜开发区的农业生产不仅是地区国民温饱的基本保障所在，也是整个国家农耕社会最大的财富供应来源。然而，随着地区工业化和现代城镇化的快速发展，适宜开发区的农业生产越来越难以满足要求，其中以粮食的供需形势变化最为典型。长期以来，适宜开发区的粮食生产在解决整个社会温饱和全国经济建设中始终起着积极贡献者的作用。即便是在1980年人地关系进入紧张状态后，适宜开发区仍能保持着全国重要商品粮输出地之一的地位。1985年，适宜开发区的粮食自给率尚能维持在自给有余。然而，自20世纪80年代中期以来，适宜开发区的粮食生产的这种地位便开始呈现快速下降趋势。数据分析显示，1990年适宜开发区的粮食供需已经无法实现充分自给。到2010年适宜开发区的粮食输入量超过了3820多万t，粮食自给率则进一步降至86.9%（图6-4），较90.1%的全国均值水平还要低了3.2个百分点。

第二，耕地面积大幅减少。作为粮食生产的最基本物质基础，耕地面积的变化对适宜开发区粮食供需平衡起着至关重要的作用。20世纪50年代初，适宜开

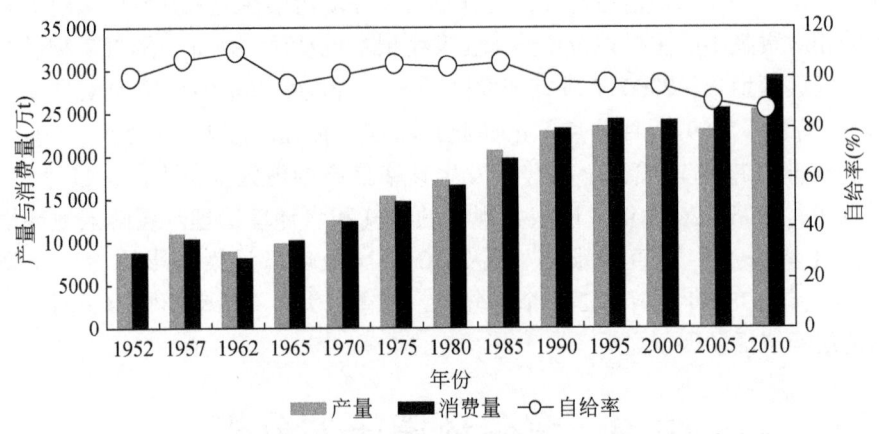

图 6-4　1952~2010 年适宜开发区粮食产量、消费量与自给率变化

发区的耕地面积约在 4670 万 hm²，占全国比例为 42.8%。在 60~70 年代，适宜开发区的耕地面积出现过一个稳步上升的时期，其中，高峰时段的 1970 年曾接近 5260 万 hm²。此后，因工业化和城镇化等基础设施的快速发展，适宜开发区的耕地面积开始出现先慢后快的下降态势。到 2010 年，适宜开发区的耕地面积已经降至不足 4400 万 hm²，较高峰期减少了约 860 万 hm²。相应地，适宜开发区耕地面积占全国的比例也从 1970 年的 39.7% 降至 2010 年的 36.0%，降幅达 3.7 个百分点，与工业化初的 1952 年相比，更是大降 6.8 个百分点（图 6-5）。

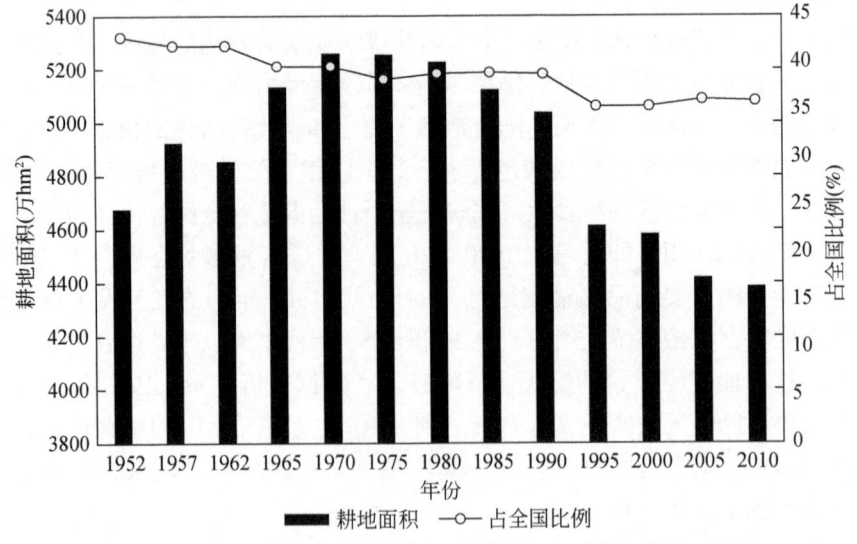

图 6-5　1952~2010 年适宜开发区耕地面积及占全国比例变更趋势

第三，水资源综合开发。随着社会对水资源开发需求的日益增长，水资源综合开发利用成为国家和地区水资源安全及其可持续开发利用的关键所在，特别是对人口众多、工业化和城镇化高速发展的地区而言，这一点显得尤为重要。与目前流行的水资源开发强度的基本概念有所不同，地区水资源综合开发强度指满足地区社会各类需求的流域水资源开发总体状态，其中不仅包括了传统意义上的社会生产和生活两类用水，也包括了水力发电对水资源的占用（张雷等，2014）。

总体而言，适宜开发区的水资源还是有相当基础的。其中，水资源量约占全国总量的41.2%。相对于此，适宜开发区的水能发电（按经济可开发量计算）潜力较弱，约占全国的12.9%。

依据相关模型分析[①]，20世纪50年代初（1952年），适宜开发区水资源综合开发程度只有0.1%（图6-6）。此时除了700亿m³的社会生产与生活用水外，尚无进行任何水能资源的开发。自大规模工业化以来，适宜开发区的水资源开发有了大幅提升。在刚刚进入人地关系紧张阶段时（1980年），适宜开发区的社会生产和生活用水为2305亿m³，较1952年增长了2.3倍；水力发电量则超过238亿kW·h。如此，适宜开发区的水资源综合开发程度也升至14.5%，较1952年大幅提升了14.4个百分点。改革开放后，人文社会活动的快速发展极大地刺激了对水资源开发利用的需求。到2010年，适宜开发区的社会总用水量上升至3204亿m³，水力发电量则接近2260亿kW·h，较1980年分别增长了39.0%和8.5倍。其结果，适宜开发区的水资源综合开发程度达到了52.7%，不仅比1980年大增了38.2个百分点，就是与当时全国29.7%的均值水平相比，也高出了23.0个百分点。需要指出的是，适宜开发区的这种水资源综合开发程度远高于较适宜和非适宜两大开发区，位居全国之首。造成这一结果的直接原因在于，适宜开发区对能源需求结构的快速变化。具体而言，随着地区用电负荷的快速增长，用于电网运行的水电调峰能力严重不足，为此不得不加大地区水能资源的开发力度以求最大限度地平衡。然而，当地可供水能开发的资源潜力有限，因此，即便在当地水能资源已经全部开发的情况下，这一问题依然无法在本地区内得到有效缓解。实际上，2010年适宜开发区发电量结构中的水电比例仅有10.7%，不仅比1980年低了8.0个百分点，就是与同时期全国的均值水平相比也低了6.5个百分点。

第四，能源供应保障。与耕地和淡水资源两大资源的开发利用相比，适宜开

[①] 根据各国实践，这种综合开发强度主要建立在水资源使用强度与水电资源开发强度两者基础之上，其基本计算公式可以表示为：$OEWC = \sqrt{W_e H_e}$，其中，$OEWC$为流域水资源开发强度系数；W_e为水资源开发强度；H_e为水电开发强度。

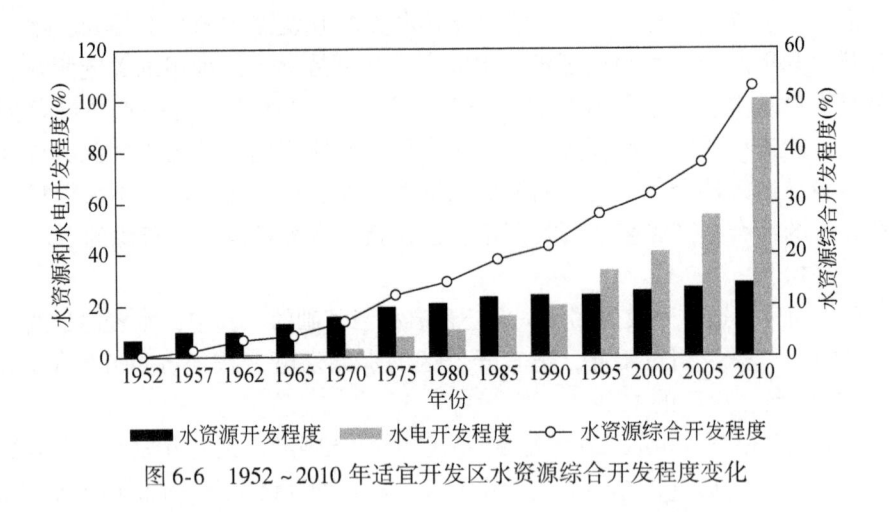

图 6-6　1952~2010 年适宜开发区水资源综合开发程度变化

发区资源供应中最大的挑战则来自能源资源储量的严重不足。就总量而言，目前适宜开发区占全国总量比例仅有 12.3%。就能源资源结构特征而言，则明显表现出国内普遍存在的煤多、油少、气缺特征。如此能源资源基础成为制约适宜开发区现代化长期发展的最大软肋。

在工业化初期，受当时国家能源供应政策的影响，适宜开发区的能源供应几乎完全依赖国内资源。客观地讲，以煤炭为主导的国内能源供应始终是维系适宜开发区长期以来人文社会活动的基本动力来源。1952 年，适宜开发区的一次能源消费仅为 0.13 亿 tce，且全部供应均来自煤炭。即便如此，当时适宜开发区一次能源供应自给率也只能保持在 77.0% 的水平上。此后，虽然曾经因本地资源开发力度的增强出现过短暂的改善外，但是面对消费需求的快速增长，适宜开发区的一次能源供应自给率只能长期维持在较低的水准上。1980 年，当人地关系进入紧张阶段后，适宜开发区一次能源消费 2.37 亿 tce，较 1952 年增长了 17.0 倍以上。尽管此时煤炭所占比例已降至 72.0%，但是大幅增长的消费需求仍然对当地能源供应提出更为严峻的考验。相应地，此时适宜开发区一次能源供应自给率已经从 1957 年的 96.0% 下降至 84.5%。进入 20 世纪 80 年代后，适宜开发区能源供应模式的开放性较以前有了明显改善。然而，与当地产业结构升级、城市化发展和环保增强三个方面需求的变化相比，这种改善的作用十分有限。2010 年适宜开发区的一次能源消费达到了 15.9 亿 tce，较 1980 年增长了 5.7 倍。更为重要的是，由于此时本地资源的开发已达极限，无力阻止适宜开发区一次能源供应自给率大幅跌至不足 40.0%，与 1980 年相比，降幅程度高达 44.7 个百分点（图 6-7）。

在上述变化中，快速增长的煤炭输入作用最为关键。作为支撑现代化发展的

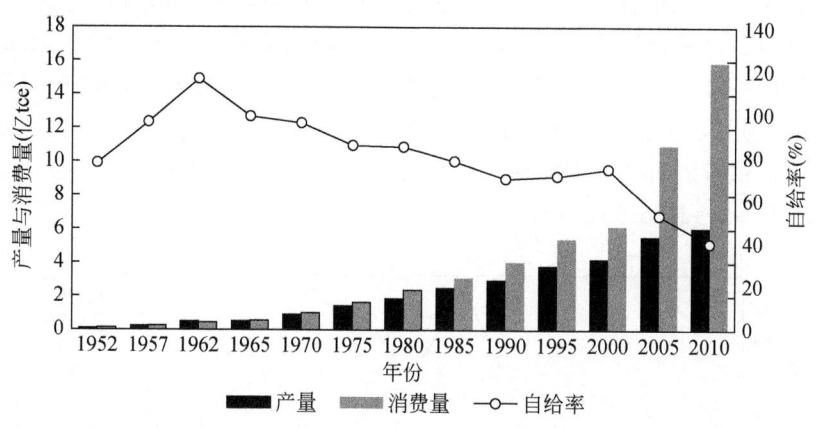

图 6-7 1952~2010年适宜开发区一次能源产量、消费量与自给率变化

主力大宗矿物燃料，大规模的煤炭输入始终是适宜开发区能源供应来源的基本保障。20世纪50年代初（1952年），适宜开发区煤炭供应自给率为77.0%，煤炭的输入量①只有0.03亿tce。1980年，虽然适宜开发区煤炭供应自给率上升至84.5%，较1952年提高了7.5个百分点，但是煤炭输入量却增至约0.26亿tce，从而形成了在自给率有较大提升的情况下，外部煤炭的输入量快速上升的"一头翘"局面。进入80年代以来，适宜开发区煤炭供应的这种"一头翘"局面很快销声匿迹，取而代之的是在煤炭供应自给率持续下降的环境下，煤炭输入量也呈现同步增长的局面。2010年，适宜开发区的煤炭供应自给率已经大幅降至39.8%，较1980年大幅下降了44.7个百分点。与此同时，适宜开发区的煤炭输入量则增至6.57亿tce，较1980年增长了近24.0倍（图6-8）。

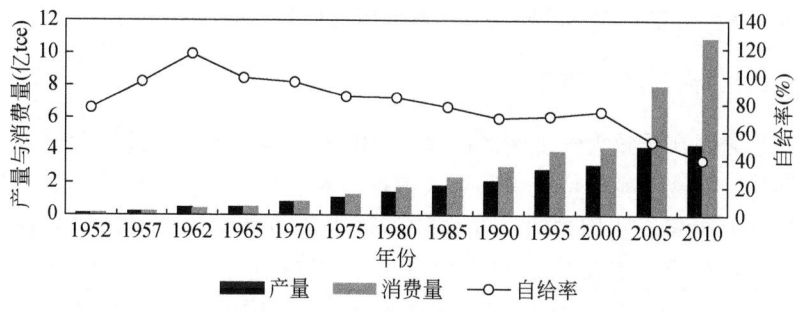

图 6-8 1952~2010年适宜开发区煤炭产量、消费量与自给率变化

---

① 输入量等于消费量减去本底生产量，为自给率的一种实物量表达方式。

与煤炭相比，在适宜开发区一次能源供应中原油输入的作用直到20世纪90年代中期以后才开始显现出来。1995年，当原油消费量超过了1.0亿tce时，适宜开发区的原油供应对外依存度尚能维持在55.0%，而此时原油的输入量仅为0.5亿tce。进入21世纪后不久，适宜开发区的原油输入明显加快。到2010年时，当原油供应的对外依存度降至只有21.5%时，适宜开发区的原油输入量已突破了2.5亿tce（图6-9）。

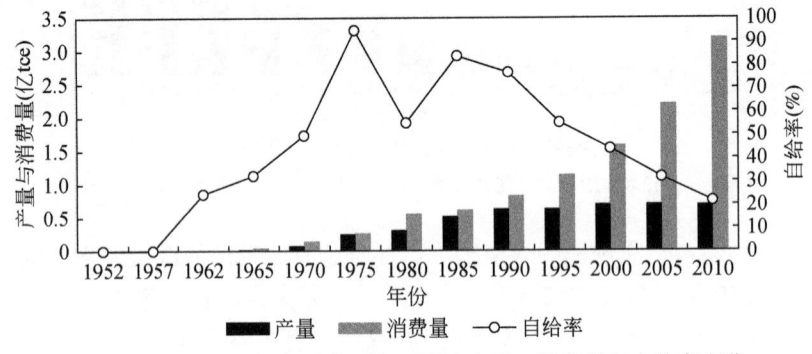

图6-9 1952～2010年适宜开发区原油产量、消费量与自给率变化

6.3.2 环境压力

现代化实践表明，任何大规模的资源开发利用活动都会产生环境问题，或者说环境压力问题。作为中国工业化发展的一个核心地区，适宜开发区工业化发展自然也无法摆脱这种历史宿命。纵观适宜开发区的工业化历程，其资源开发利用所产生的环境压力主要集中在大气环境破坏、水环境污染和自然灾害损失三个方面。

6.3.2.1 大气环境破坏

首先是表现在导致大气变暖的碳排放。由于全国绝大多数地区存在着一次能源消费结构一致性的明显特征，即煤炭占据绝对主导地位，因此当适宜开发区成为全国第一大能源消费用户时，它也就不可避免地坐实了全国碳排放第一的位置。数据分析显示，工业化初期（1952年）当适宜开发区的一次能源消费为0.13亿tce时，其碳的排放量尚不足0.1亿t，占全国的比例为17.8%。当1980年一次能源消费增至2.4亿tce时，适宜开发区的碳排放则达到了1.6亿t，相应地占全国的比例也快速提升至37.9%，与1952年相比，提升幅度为20.1个百分点。在经历了30年的快速发展后，当2010年适宜开发区的一次能源消费接近15.9亿tce时，其碳排放也随之突破了10.0亿t，占全国的比例更是达到了

45.6%的新标高，与1980年相比，增幅为7.7个百分点（图6-10）。回顾当地的工业化进程就不难发现，由于长期实行重化工业部门发展优先的战略，在过去的近60年内，适宜开发区主要的大耗能工业产品如粗钢、水泥、化肥、化纤和发电量等占全国的比例分别提升了36.0个百分点、32.5个百分点、29.7个百分点、93.4个百分点和19.2个百分点（表6-2）。显然，如此工业化发展战略所产生的一次能源消费大幅增长是导致碳排放快速上升的关键因素。

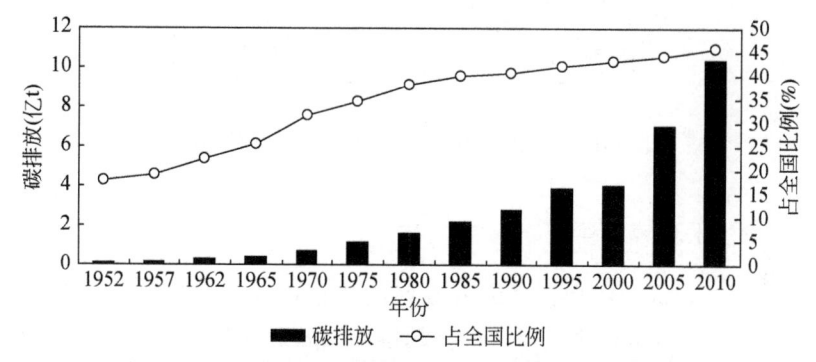

图6-10　1952~2010年适宜开发区GDP与碳排放增长变化

表6-2　适宜开发区主要工业耗能产品占全国比例　　　　（单位：%）

年份	粗钢	水泥	化肥	化纤	发电量*
1952	5.8	22.5	9.9	0.0	35.0
1980	30.2	47.2	64.4	60.1	42.4
2010	41.8	55.0	39.6	93.4	54.2

* 发电量按火电发电量计算

其次是在地区大气的颗粒污染方面。近年来，随着大气环境污染的加剧，人们将一种因气溶胶微粒（0.001~10 μm）污染物增加所造成的大气能见度大幅下降的天气现象称为霾或灰霾。中国目前有四大灰霾天气发生最为频繁的地区，其中有2处就在适宜开发区，即全国人文活动最为活跃的长江三角洲和珠江三角洲。根据相关研究，这些地区的灰霾天气早在20世纪50年代中期就已经出现，只是年均的霾日发生数量很少。直到70年代中期基本保持在10~15天。进入80年代后，上述地区的年均霾日发生数量开始呈现大幅上升态势。例如，位于珠三角的广州年均霾日发生数量在1980年便已超过了100天，并且在90年代中期超过了200天，达到了峰值（图6-11）。进入21世纪后，广州的霾日发生数量虽然开始出现下降，但到2010年依然保持在50天以上的水平上。由于霾是由粉尘、有机碳氢化合物、硫酸盐和硝酸盐等化学成分组成，其中以直径小于$PM_{2.5}$的气溶胶颗粒对人体健康，特别是对老年和幼年人群的健康危害最大。

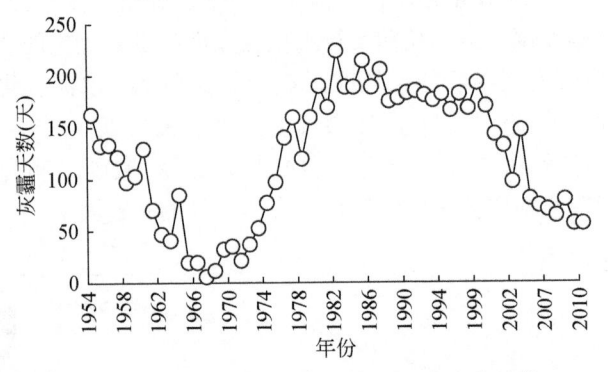

图 6-11　1952~2010 年广州灰霾天气变化趋势

6.3.2.2　水环境污染

与其他种类的资源相比，适宜开发区的淡水资源最具优势，占全国比例为 41.2%。凭借着地处大江大河下游的优越位置，纵横的河流和广布的湖泊为当地的人类活动提供了极为便捷的逐水而居的环境。然而，当资源环境开发的整体尚沉湎于粗放方式时，这种近水的环境便会遭受极为严重的后果，即各类水体水质的污染。在此方面最为典型的就是适宜开发区内的淮河、巢湖和太湖水污染，而这三者正是中国"九五"计划时期（1996~2000 年）大规模"三河三湖"水污染治理工程的基本组成。

淮河流域地处我国南北气候过渡带，绵延千里，流经河南、安徽、山东、江苏 4 省，是我国重要的商品粮棉、农副产品加工和能源生产基地。随着现代人类活动的加剧，自 20 世纪 70 年代中期淮河水质首度出现污染后，发生频率和规模日趋扩大。1994 年 7 月，当总长为 90km 的污水横流迫使沿淮各自来水厂停水达 54 天时，150 万人没水喝，造成直接经济损失 2 亿元。更严重的问题在于，河湖水体的长期严重污染，也危及地下水应用的安全。由于长期饮用受到污染的水源，当地百姓的健康受到了严重损害。有调查资料显示，流域内某河沿岸污染区居民总体死亡率为对照区的 1.44 倍，为全国平均水平的 1.3 倍；恶性肿瘤死亡率为对照区的 4.1 倍，为全国平均水平的 5.9 倍（李良义，1996）。

巢湖位于安徽省中部，处于长江与淮河流域之间，属长江下游左岸水系，是我国五大淡水湖泊之一，也是安徽省境内最大湖泊。巢湖流域的总面积为 13 486km^2，地跨合肥、巢湖、六安 3 个市。巢湖是当地工农业生产和人民生活的重要水源地，且在调节长江水量、防涝抗旱、灌溉农田、扩大水运、改善生态环境方面具有显著功能。巢湖流域的农业经济水平较高，是我国主要的商品粮生产基地。工业经济也比较发达，全流域共有工矿企业 2500 多家。监测结果显示，巢湖是中国典型的富营养化湖泊。根据国家环境保护总局发布的《地表水环境质量标准》（GB3838—2002），从1991年以来巢湖的水质整体呈现出波动下降趋势。根据2006年的监测结果，巢湖的湖体水质总体依然保持在Ⅴ类，湖区主要污染指标为总磷、总氮，环湖河流主要污染指标为氨氮和生化需氧量。巢湖环湖河流12个地表水国控监测断面中（包括两个纳污控制断面），Ⅲ类水质断面占8%，Ⅳ类、Ⅴ类占67%，劣Ⅴ类占25%（白现广等，2011）。

同样地，作为全国五大湖之一的太湖，也未能逃脱被污染的命运。太湖流域包括苏州、无锡、湖州等38个市县，相连通的河流计220余条。太湖面积为2428km^2，平均深度不足2.0m，是典型的浅碟形湖泊。自流域地区现代人文活动不断加快，太湖的水质污染日趋严重。2003年太湖梅梁湾蓝藻大规模爆发，影响了居民的正常生活。2007年太湖蓝藻再次爆发，导致数百万居民饮用水出现危机。相关研究表明，20世纪60年代，太湖的水质尚保持在贫富营养状态。80年代初则开始降至中富营养水质的湖泊。从80年代后期以来，太湖水质的恶化趋势日益加重，并首先在北部梅梁湾开始频繁暴发蓝藻水华。尽管在90年代末实施了重点污染工业排放物"零点达标行动"，但是太湖水质的富营养化恶化趋势仍无法得到根本性的遏制。2005~2006年，太湖的蓝藻水华暴发持续时间加长，面积扩大，暴发频率也在加快。2007年更是暴发了全国瞩目的太湖饮用水危机事件（朱广伟，2008；成芳等，2010）。

与全国其他地区相同，导致适宜开发区各类水体水质污染和富营养化的主要原因在于社会生产和生活废水排放量及用于农业耕作的化肥和农药施用量的大幅增长。

资料分析显示，1952年适宜开发区的社会废水的排放总量（工业废水+生活污水，下同）约为17.3亿t。1980年便上升至186.0亿t，与1952年相比，增长倍数为9.8倍。2010年，适宜开发区的社会废水排放达到了392亿t，与1952年相比，增长倍数更是达到了21.6倍（图6-12）。这些废水排放相对集中在人文活动稠密的城镇，因而造成沿江和沿湖地带的点状和带状水体水质的污染。

与社会废水的排放相比，农用化肥施用在水污染，特别是造成大面积水体水质富营养化方面所起的作用更为显著。1952年，适宜开发区的农用化肥施用量5.8万t（折纯量计算，下同）。此后，为了应对地区耕地日趋减少的挑战，适宜开发区不得不通过加大农用化肥使用量的投入方式来确保本地粮食产量的增长。1980年，在耕地面积仅增长了11.8%的环境下，当地粮食产量却从1952年约0.85亿t上升至1.72亿t，增幅超过了1.0倍。相应地，这一阶段的农用化肥施用量大幅上升至747.2万t，较1952年增长了128.7倍（图6-13）。2010年，适宜开发区的粮食产量进一步增加至2.54亿t，相当于1952年的3.0倍。而此时

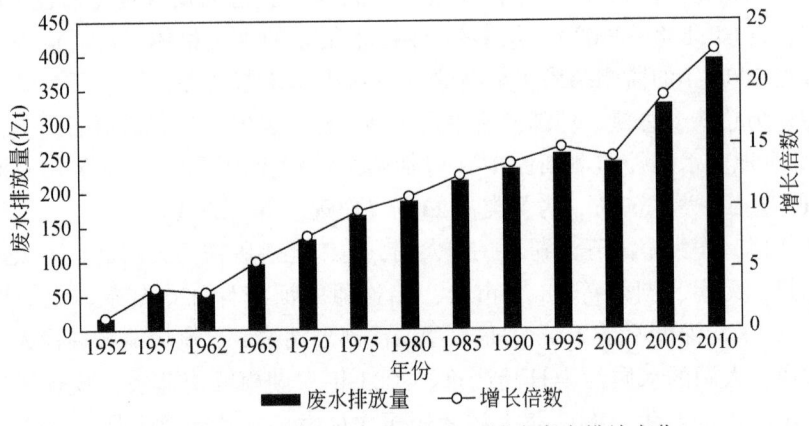

图 6-12　1952~2010年适宜开发区社会废水排放变化

的农用化肥施用量则更是超过了2910万t，比1952年增长了504倍。如此快速的农用化肥施用量增长所造成的各类水体，特别是湖泊的面状污染，结果可想而知。

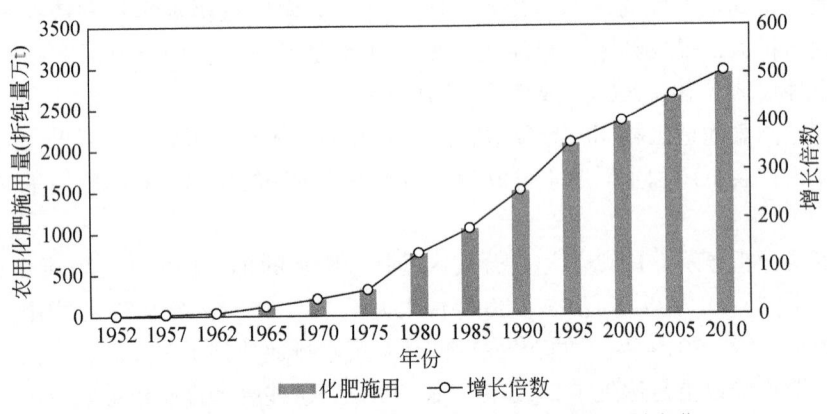

图 6-13　1952~2010年适宜开发区农用化肥施用量变化

6.3.2.3　自然灾害损失

如前所述，国家和地区人地关系的演进状态往往决定着自然灾害的损失大小。作为全国人地关系演进状态最为紧张的地区，适宜开发区自然灾害造成的损失十分惊人，其中最为典型的案例当属发生于1975年的河南驻马店水库溃坝和2008年覆盖全域的雨雪冰冻灾害。

第一，河南驻马店水库溃坝。1975年8月，因太平洋7503号台风登陆福建，后经湖南常德突然转向北渡长江直入中原腹地，在河南南部地区形成超强暴雨

(图6-14)。受到桐柏山、伏牛山组成的"喇叭口"地形抬升，南来气流在这里发生剧烈的垂直运动，造成历史罕见的特大暴雨。三面环山的驻马店地区成为此次暴雨中心。1975年8月4日~8日连续多日的暴雨降雨强度超过1000mm，以致当地板桥、石漫滩两座大型水库、两座中型水库和58座小型水库在短短数小时内相继垮坝溃决，57亿 m^3 的洪水向东直泻而下，驻马店地区的10个县（镇）沦为泽国（骆承政，1996）。

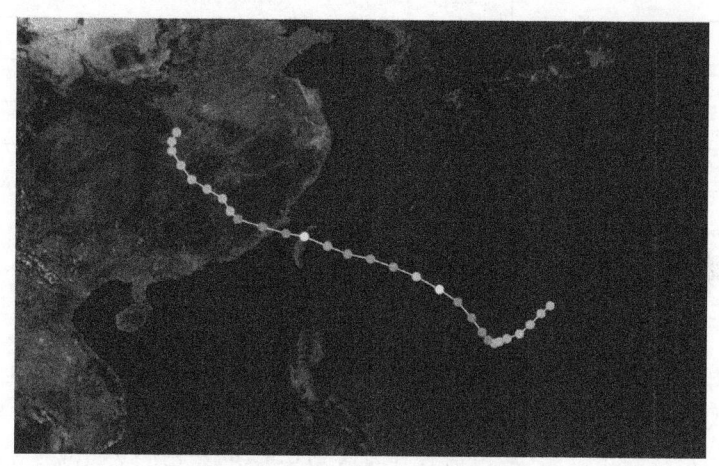

图6-14 1975年7503号台风行进路径

根据已公布的统计，1975年8月因水库溃坝直接殃及的河南驻马店地区的10个县（镇），加上许昌、周口、南阳等其他受灾地区的受灾人数为1100万人，超过2.6万人死亡，倒塌房屋524万间，冲走耕畜30万头。在巨大洪峰的冲击下，纵贯中国南北的京广铁路干线被冲毁102km，中断行车18天，影响运输46天，直接经济损失达35亿元（当年价），成为我国历史上（1949~1975年）受灾面积最大、死亡人数最多的水灾损失（骆承政，2006；Michelson，2007；Watkins，2008）。

此次溃坝事件虽然发生在河南驻马店地区，但是，由于贯穿南北的全国铁路大动脉——京广线的运营因线路破坏而完全中断，以铁路为主的地区经济正常秩序受到很大程度的影响，其中，以适宜开发区所属的河南、湖南和广东3省遭受的损失最为严重。

具体而言，溃坝事件造成的全国电力供应损失大约在2.61亿元（当年价），其中，河南、湖北、湖南和广东4省的电力损失为1.59亿元，占比例约为61.0%；全国铁路运输的损失大约在7.62亿元，其中，河南、湖南和广东3省的电力损失为1.50亿元，占比例为19.7%；全国的经济总体损失为274.59亿元，其中，河南、湖南和广东 3 省的经济损失达 58.18 亿元，占全国比例的 21.2%（表6-3）。

表6-3　1975年河南驻马店溃坝事件的间接损失评估（当年价）

项目		电力供应损失		铁路运输损失		经济总体损失	
		损失量（亿元）	占全国比例（%）	损失量（亿元）	占全国比例（%）	损失量（亿元）	占全国比例（%）
适宜开发区	河南	0.41	15.7	0.94	12.3	10.20	3.7
	湖南	0.34	13.0	0.20	2.6	14.72	5.4
	广东	0.38	14.6	0.05	0.7	11.17	4.1
	其他省（自治区、直辖市）	0.46	17.6	0.31	4.1	22.09	8.0
	合计	1.59	60.9	1.50	19.7	58.18	21.2
区外省（自治区、直辖市）		1.02	39.1	6.12	80.3	216.41	78.8
全国总计		2.61	100.0	7.62	100.0	274.59	100.0

尽管 1975 年时适宜开发区的人地关系演进尚未进入紧张状态，但是当时溃坝造成的人员与财产损失已经达到极为严重的程度，其中，直接与间接经济损失接近 310 亿元（当年价），约占适宜开发区当年 GDP 产出的 23.5%。倘若这一溃坝事件发生在 2010 年人地关系演进越过 5.0 的全面紧张状态时，其直接和间接经济损失有可能突破 8500 亿元（按 1952 年不变价计算），较 1975 年大增 26.4 倍。

第二，2008 年雨雪冰冻灾害。2008 年 1 月 10 日至 2 月 2 日，中国发生了一场大范围的低温、雨雪、冰冻等自然灾害。这场持续的低温雨雪冰冻天气，影响范围横跨 20 个省（自治区、直辖市），其灾情发生的中心就在适宜开发区。

截至 2008 年 2 月 24 日，因灾死亡 129 人，失踪 4 人，紧急转移安置 166 万人；农作物受灾面积为 1.78 亿亩[①]，成灾为 8764 万亩，绝收为 2536 万亩；倒塌房屋有 48.5 万间，损坏房屋有 168.6 万间；森林受损面积近 2.79 亿亩，3 万只国家重点保护野生动物在雪灾中冻死或冻伤；受灾人口已超过 1 亿人。在这场雨雪冰冻灾害中，以适宜开发区的湖南、广西、江西和安徽 4 省（自治区、直辖市）及区域外的湖北、贵州和四川 3 省的受灾情况最为严重。根据相关报道，积雪覆盖面积达 128.21 万 km^2。

---

① 1 亩 ≈ 666.67m^2。

与发生在1975年河南板桥、石漫滩水库溃坝事件不同，2008年初中国遭遇的雨雪冰冻灾害从一开始就受到了中央和地方政府、社会团体及国际社会的高度关注，并组织和投入大量人力、财力和物力进行大规模的全过程救灾，甚至不惜动用国防武装力量。尽管如此，雨雪冰冻灾害还是造成了全国性的煤电油运紧张，对国家社会经济发展形成了整体冲击，直接经济损失超过1516亿元。

使用与评价1975年河南溃坝事件同样的方法，进行2008年雨雪冰冻灾害对适宜开发区人文经济活动的影响程度判断。为了展现自然灾害对不同时期人地关系演进所造成的损失差异，笔者增加了模拟事件发生在2000年的情况（推测）比较分析。结果表明，随着适宜开发区人地关系演进状态的日趋紧张，雨雪冰冻灾害对地区正常经济生活造成的影响差异非常明显。

总体而言，2008年雨雪冰冻灾害给适宜开发区造成的直接经济损失为820.2亿元，间接经济损失为2045.1亿元，两者合计为2845.1亿元，约占适宜开发区灾区当年GDP产出的3.2%。同样的灾情若发生在2000年，其直接经济损失估计为615.2亿元（按2008年不变价计算，下同），间接经济损失为594.7亿元，两者合计为1209.9亿元，约占适宜开发区灾区当年GDP产出的2.1%，与2008年相比低了1.1个百分点（表6-4）。这一结果表明，地区人地关系演进的宽松程度决定着自然灾害造成的损失大小。换言之，地区人地关系演进状态越是趋紧，自然灾害造成的损失也就越大。

表6-4　2008年与2000年适宜开发区雨雪冰冻灾害损失推算比较

项目	重灾区* 2008年	重灾区* 2000年	其他省（自治区、直辖市）2008年	其他省（自治区、直辖市）2000年	合计 2008年	合计 2000年
直接经济损失（亿元）	652.1	489.1	168.1	126.1	820.2	615.2
间接经济损失（亿元）	1625.9	472.8	419.2	121.9	2045.1	594.7
直接+间接损失（亿元）	2278.0	961.9	587.3	248.0	2865.3	1209.9
占受灾地区GDP比例（%）	0.9	1.1	2.3	1.0	3.2	2.1

*重灾区包括湖南、广西、江西、安徽4个省（自治区、直辖市）
注：表中数据按2008年价格计算

6.4　结　论

适宜开发区既是全国最适宜人文活动立足和发展的地区，也是全国人地关系演进状态最为紧张的地区。

自国家工业化以来，适宜开发区的人地关系大体经历了一个从相对宽松到初步紧张（1952~1980年），再到全面紧张（1981~2010年）的演进过程，其中在进入紧张阶段后地区人地关系演进的速率明显加快。

在决定人地关系总体走向的人文活动三大要素中，人口规模增长的作用始终保持着下降趋势。与之相比，决定人文经济活动的两大要素作用则呈现出快速上升的局面，其中，GDP的地位呈现出一种先降后升的走向，而环境污染的影响则保持着一种先升后降的态势。

随着人地关系趋于全面紧张，适宜开发区的资源环境所承受的压力也陡然增长。这种压力在资源方面主要体现在因耕地面积的减少而产生的粮食供应能力的大幅下降、水资源综合开发程度的快速提升和能源供应状态的日趋紧张；在环境方面则主要体现在大气环境和各类水体污染的全面加剧。同样值得关注的是，由于人地关系日趋紧张，自然灾害造成的损失也呈现出明显的扩大化趋势。

有鉴于此，积极寻求新的开发模式，以从根本上改变社会财富增长过多依赖资源环境投入的传统，应是适宜开发区未来持续发展的关键所在。

第7章 较适宜开发区人地关系演进

中国的资源环境较适宜大规模开发区（简称较适宜开发区）包括了北京、天津、重庆、河北、山西、辽宁、吉林、黑龙江、湖北、陕西、四川、云南和贵州13个省（自治区、直辖市），面积为268.3万 km²，是全国较适宜人类生存和发展的地区。

在较长的历史时期内，尤其是农业文明时期，较适宜开发区在国家资源环境开发利用中的作用显著，这一区域内的现代人文活动相对活跃，产出效益较好，由于与适宜开发区相比，较适宜开发区的资源环境开发强度相对较小、人地关系相对宽松，未来将进一步承载更多的人文活动。

7.1 人地关系演进状态评价

较适宜开发区的人地关系演进大体经历了两个阶段，即相对宽松阶段和全面紧张阶段（图7-1）。

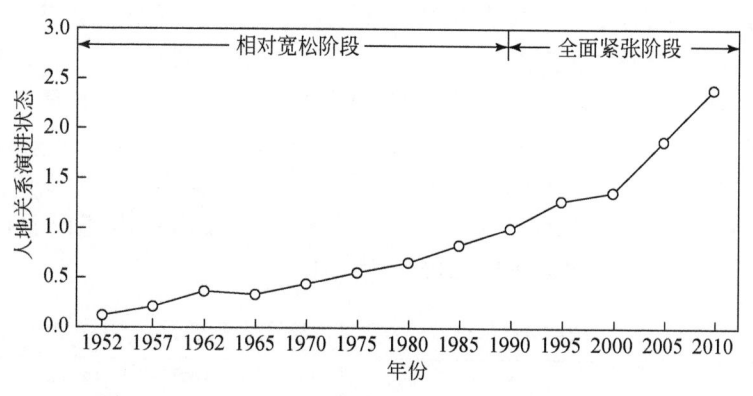

图7-1 1952~2010年较适宜开发区人地关系演进过程

7.1.1 相对宽松阶段（1952~1990年）

农业文明时期，较适宜开发区是国家人文活动的重要区域，不同历史时期的许多全国性和区域性政权的政治中心位于这一区域,如北京(元、明、清等朝代的首都)、陕西西安(汉、隋、唐等朝代的首都)、山西大同(北魏国都)、四川成都(蜀汉国都)等。唐宋时期以来,我国经济发展的重心从黄河流域转向长江流域,物质财富的积累逐渐向东南地区偏移,形成政治中心与经济中心的空间分离。这一现象也使得除国家首都(元、明、清、民国初期的北京,抗日战争时期的重庆)之外,曾经作为区域政治中心的大部分省份发展开始落后,直到抗日战争时期,才有所变化(王守正,1985)。

受战争影响,中华人民共和国成立之初,较适宜开发区经济发展水平相对落后,1952年,较适宜开发区的GDP占全国比例为42.2%,其中,河北、天津和东北三省的合计贡献率达到22.5%。从三次产业结构上看,这一区域三次产业的比例为47:24:29,这一结构与适宜开发区大致相同,既体现出其以农业为主的经济结构特征,又表现出其工业生产方面的优势,然而这一优势主要来自辽宁的重工业基础,1952年,辽宁第二产业增加值占全国第二产业增加值的比例高达14.4%。

从总体演进趋势上看,1952~1990年,较适宜开发区的人地关系演进状态与适宜开发区大致相同,即呈现从宽松向相对紧张临界点的稳步上升态势。与适宜开发区的工业化开发和建设的步伐略有不同的是,自1964年起,我国开始了以基本工业设施建设为基础的"三线建设"战略布局(延续至"五五"期间),人为地促进了工业发展的空间调整,通过工业迁移、建设促进了中西部地区的工业化发展。资料显示,"三线建设"覆盖的11个省(自治区、直辖市)中有6个位于较适宜开发区(包括四川、贵州、云南、陕西、湖北、山西,另有重庆计入四川),据统计,1966~1980年国家累计向6个省(自治区、直辖市)投资达1346.0亿元,占全国同期基本建设总投资的26.5%。从较适宜开发区13个省(自治区、直辖市)的基本建设投资数据看,1953~1980年,各时期国家累计投资中较适宜开发区占比均在50%上下,整个时间段内基本建设总投资额达3666.52亿元,平均占比达到50.24%(表7-1)。

表7-1 较适宜开发区基本建设投资统计 （单位：亿元）

项目	1953~1957年	1958~1962年	1963~1965年	1966~1970年	1971~1975年	1976~1980年	总计
较适宜开发区合计	308.34	577.60	208.53	524.39	893.74	1153.92	3666.52
全国	588.47	1206.09	421.89	976.03	1763.95	2342.17	7298.60
占全国比例（%）	52.40	47.89	49.43	53.73	50.67	49.27	50.24

资料来源：国家统计局固定资产投资统计司．中国固定资产投资统计年鉴(1950~1995年)．北京：中国统计出版社，1997

在"三线建设"影响下，较适宜开发区 GDP 占全国的比例从 1952 年的 42.2%增长到 1970 年的 46.3%，期间一度达到全国的 47.3%（1957 年）。随后较适宜开发区 GDP 占全国的比例有所下降，到 1990 年降至 42.6%。到第七个五年计划期末（1990 年），较适宜开发区的三产结构演进为 9：64：27（按 1952 年不变价计算，下同），与适宜开发区演进趋势不同，第一产业比例持续下降，第二产业比例在大幅增长后略有下降，第三产业比例在下降后略有上升，第二产业和第三产业比例变化的拐点分别出现在 1980 年和 1975 年。对比发现，1990 年的第一产业和第三产业比例较 1952 年分别下降了 38 个百分点和 2 个百分点，第二产业增长了 40 个百分点。

与产业发展趋势类似，受国家人文活动西移影响，在此阶段较适宜开发区人口总量增长较快。1990 年较适宜开发区人口总数约为 4.78 亿人，占全国比例为 41.8%，与 1952 年相比，下降了 0.1 个百分点。在人口城镇化发育方面，较适宜开发区人口城镇化率增速显著。1990 年较适宜开发区城镇人口数约为 1.4 亿人，占全国城镇人口总数的 46.5%，比 1952 年下降了 0.4 个百分点，无论是总人口占比还是城镇人口占比，在时序上均呈现出先上升后下降的趋势，反映出较适宜开发区发展受政策影响的变化情况。较适宜开发区的人口城镇化水平从 1952 年的 13.9%上升到 1990 年的 29.4%，从高出同期全国均值水平的 1.4 个百分点上升到高出 3 个百分点。

国家社会经济活动整体西移，促进了较适宜开发区整体工业化和城镇化水平的提升，与此同时大规模的人文活动对这类地区的资源环境基础造成了巨大压力。这一点从环境质量的变化中可见一斑，1952～1990 年，较适宜开发区的废水排放量从 9.7 亿 t 迅速增长至 130.0 亿 t，增长 12.4 倍；碳排放总量也从 1952 年的 2423 万 t 增长至 1990 年的 33 625.1 万 t，增长 12.9 倍，略低于全国增长水平。受此影响，较适宜开发区人地关系演进特征值自 20 世纪 50 年代开始就略低于全国水平，在 1990 年全国平均水平达到 1.12 时，较适宜开发区达到 1.0 这一理论阈值，开始步入紧张的局面。

7.1.2　全面紧张阶段（1991～2010 年）

与主要位于东南沿海地区的适宜开发区不同，较适宜开发区内省区类型复杂多样，其中包括了"三线建设"的部分西南西北省区、中央政府腹地的京津冀地区、工业基础良好的东北地区等。正因如此，进入改革开放时期后，较适宜区内各省区区位条件差异较大，但总体发展趋势与适宜开发区相比依然处于较低水平。

总体而言，这一时期较适宜开发区的经济总量保持着约10.3%的年递增速度增长，较相对宽松阶段的7.1%高出3.2个百分点。较适宜开发区经济总量在1991~2010年保持着高速增长，到2010年，较适宜开发区GDP达到2.7万亿元（1952年不变价），占全国的比例为42.9%，与1990年相比，占比提高了0.3个百分点。

到2010年，较适宜开发区的产业结构中第二产业的主导地位依然显著，其比例超过了74.1%，较1990年增长了近10个百分点，但从发展趋势上看，第二产业比例与全国第二产业比例相比，已经从1990年高于全国水平发展到2010年低于全国水平。

尽管较适宜开发区工业生产水平大幅提升，但与适宜开发区高速工业化发展相比仍处于相对落后状态，2010年，主要工业产品中，仅钢材和汽车（及轿车）产量占全国的比例超过50%，其他工业产品远落后于适宜开发区占比。同样，在主要农产品中，较适宜开发区仅奶产品占全国比例高于适宜开发区，粮食、棉花、油料、糖料、肉、蛋和水产品等占全国比例均低于适宜开发区（表7-2）。

表7-2　2010年各类开发区主要农产品占全国比例　　（单位:%）

类型区	粮食	棉花	油料	糖料	肉	蛋	奶	水产品
适宜开发区	46.06	35.91	54.72	72.9	51.49	48.78	20.3	74.6
较适宜开发区	44.77	21.21	35.07	18.33	41.03	47.58	46.22	21.63
不适宜开发区	9.17	42.88	10.21	8.77	7.48	3.64	33.48	3.77

改革开放政策促进了国家工业化的东南向发展，较适宜开发区内人口增长率较高，但与适宜开发区相比，其占全国比例有所下降。2010年较适宜开发区人口总数约为5.3亿人，占全国的比例为40.1%，较1990年下降了1.7个百分点。与人口总量变化情况相比，较适宜开发区的人口城镇化水平则呈显著提高态势。2010年较适宜开发区的城镇人口总计接近2.6亿人，占全国城镇人口比例为38.8%；人口城镇化率达到48.6%，低于全国水平1.7个百分点，但比1990年增长了19.2个百分点。

随着国家工业化的加速发展，区域发展进一步差异化，较适宜开发区人地关系演进特征值与适宜开发区之间的差距从有所缩小到逐渐扩大，因而其人地关系紧张程度也始终相应地弱于适宜开发区。尽管到2010年，较适宜开发区的人地关系演进特征值从1990年的1.0提高到2010年的2.4，但仍低于适宜开发区的4.6。这一点从粮食自给率上可见一斑，相比于适宜开发区粮食自给率持续下降，较适宜开发区的粮食自给率从1990年的102.7%提高到2010年的111.7%，高出全国平均水平近12个百分点。

在较适宜开发区的人地关系演进的区域格局方面，在相对宽松阶段，仅天津和北京人地关系演进状态特征值超过 0.5 的警戒阈值；而到 1990 年时，除云南省外人地关系演进特征值均超过 0.5 的阈值，其中，北京高达 11.8，成为较适宜开发区中特征值最高的省区，天津的特征值达到 9.8；到 2010 年，较适宜开发区所有省区均跨入人地关系紧张状态的门槛（图 7-2），其中，天津最高，达到 27.7，最低的云南也达到了 0.92。

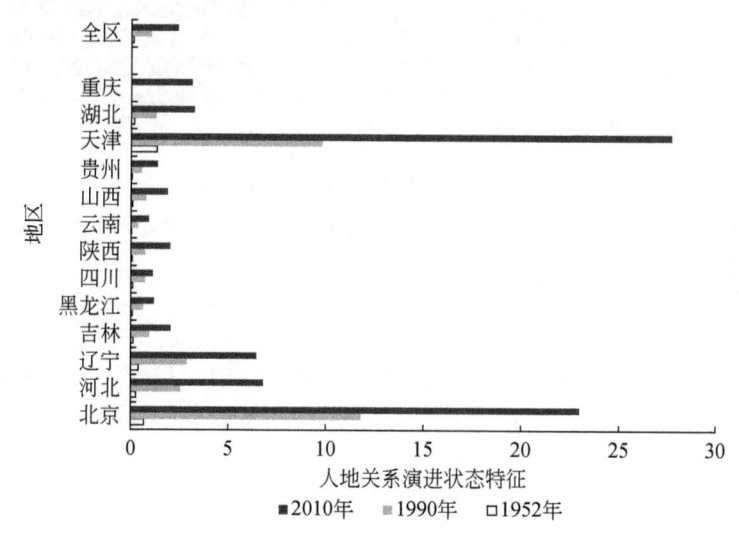

图 7-2　1952~2010 年较适宜开发区人地关系演进格局变化过程

7.2　人地关系演进的动力结构分析

从较适宜开发区人地关系演进的人文要素作用分析结果上看，与适宜开发区人地关系演进的过程类似，在较适宜开发区人口增长的作用逐渐减弱的同时，经济发展的作用在不断增强；与之相比，环境污染的作用保持在相对较强的地位上变化不大（图 7-3）。

如前所述，随着国家区域发展上的"均衡"政策及"三线建设"战略的实施与调整，较适宜开发区的人口总量不断增长，但增长速度呈现不断减缓的趋势。在地区人地关系相对宽松阶段的 1952~1990 年，较适宜开发区的人口年均增长率为 1.82%，略低于全国同期的人口年均增长率，其中，1985~1990 年的人口年均增长率高达 1.43%，1990~1995 年降至 1.17%。受此影响，1990 年较适宜开发区人地关系演进中的人口增长相对贡献度为 20.8%，较 20 世纪 50 年代中期（1957 年）减少了 9 个百分点（图 7-3）。自 90 年代起，在国家资源环境开

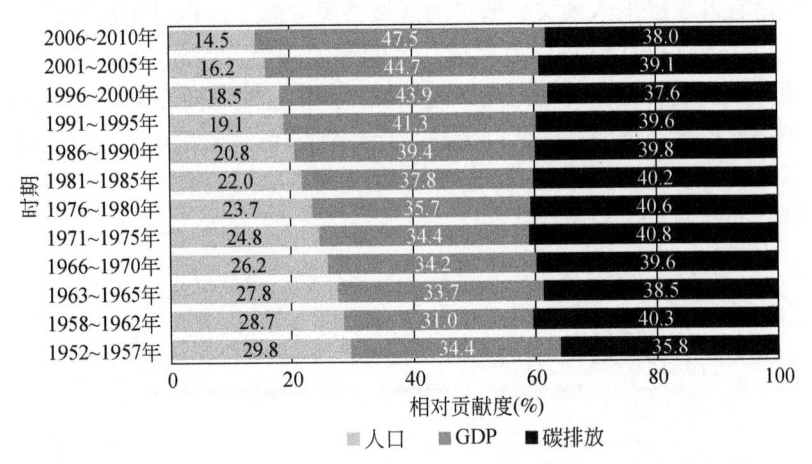

时期	人口	GDP	碳排放
2006~2010年	14.5	47.5	38.0
2001~2005年	16.2	44.7	39.1
1996~2000年	18.5	43.9	37.6
1991~1995年	19.1	41.3	39.6
1986~1990年	20.8	39.4	39.8
1981~1985年	22.0	37.8	40.2
1976~1980年	23.7	35.7	40.6
1971~1975年	24.8	34.4	40.8
1966~1970年	26.2	34.2	39.6
1963~1965年	27.8	33.7	38.5
1958~1962年	28.7	31.0	40.3
1952~1957年	29.8	34.4	35.8

图 7-3　1952~2010 年较适宜开发区人地关系演进的人文要素作用分析

发的东南指向政策和人口政策进一步作用下，较适宜开发区人口增长趋势持续走低。1990~2010 年较适宜开发区人口年均增长率降至 0.56%，其中，2005~2010 年人口年均增长率更是降至 0.12%，均低于全国平均水平。这就造成了地区人地关系演进中的人口增长相对贡献度进一步降至 14.5%，与 1990 年相比，下降 6.3 个百分点。

与人口的变化趋势不同，作为社会财富增长代表的 GDP 增长在较适宜开发区的人地关系演进中的作用呈逐渐增强的趋势。1952~1990 年，较适宜开发区的 GDP 增长了 12.4 倍，在"三线建设"政策的影响下，较适宜开发区 GDP 的这一增长速度略高于全国同期水平。20 世纪 90 年代，在国家大规模工业化和城镇化的总体发展趋势影响下，尽管较适宜开发区财富增长速度不及适宜开发区，但增速依然呈递增趋势。1990~2010 年，较适宜开发区的 GDP 增长达到了 6.1 倍，年递增率达到了 10.3%，略高于全国同期增幅水平（10.2%）0.1 个百分点。由此可见，较适宜开发区 GDP 始终保持高增长水平。较适宜开发区 GDP 增长在人地关系演进中的相对贡献度呈持续增长趋势，从 1957 年时的 34.4% 提高到 1990 年的 39.4%，再提高至 2010 年的 47.5%。1957~2010 年增幅达 13.1 个百分点。

总体而言，环境污染在较适宜开发区人地关系演进过程中保持着相对稳定的地位。作为国家工业化初期的重化工业基地，在人地关系相对宽松阶段（1952~1990 年），较适宜开发区的经济产出占全国的比例从 42.2% 提高到 42.6%，特别是第二产业的表现方面。1952~1980 年，较适宜开发区的第二产业在全国的比例大体保持在 49.0% 的水平上。此后，由于国家改革开放政策在空间实施上具有的明显东南倾向，较适宜开发区第二产业以往的发展势头开始呈现出明显下滑态势。到2005年时较适宜开发区第二产业占全国的比例为32.5%，较1980年大幅下降了15.2个百分点。与此同时，较适宜开发区经济发展的能源物质投入需求也呈现出大幅减缓趋势。例如，2010年较适宜开发区的一次能源消费占全国的比例为44.0%，较1980年下降了8.9个百分点。受此影响，到2010年，较适宜开发区环境污染的贡献度已经降至38.0%，较1980年低了2.6个百分点。尽管如此，较适宜开发区的环境污染对当地乃至全国的负面影响依然表现得十分突出，特别是在水环境和大气环境等方面尤为显著。1952~2010年，较适宜开发区年废水排放量从9.7亿t增长至196.0亿t，年均增长率达到5.3%；同样，这一地区碳排放总量从1952年的2423.0万t，提高至2010年的96 177.3万t，尽管其占全国比例从69.2%降至42.6%，但其年均增长率仍高达6.6%。1952~2010年，较适宜开发区粮食产量年均增长率为2.2%，而同期的化肥施用量年均增长率则高达12.8%，在这些外部要素的共同作用下，较适宜开发区的环境压力有增无减，人地关系逐渐步入紧张阶段。

7.3 资源环境压力分析

在大规模工业化开发后，较适宜开发区人地关系逐渐步入紧张阶段，该地区的资源环境基础压力也逐渐增大。

7.3.1 资源压力

较适宜开发区面积占全国的28.1%，人口和GDP分别占全国的40.1%和36.0%（按当年价计算），尽管比适宜开发区面积大，但由于资源环境要素结构不合理，这一地区所面临压力同样显著。

第一，粮食供应保障。与适宜开发区相比，较适宜开发区粮食保持了较高的自给率，但个别年份波动较大，因此缺少变化的总体趋势。其中，20世纪70年代初期、80年代初期和中期、21世纪初期等时段，部分粮食消费依赖外部输入，但自给率依然较高，其中最低的年份也达到了96.0%。其他时期自给率均高于100%，至2010年，自给率达到111.7%，远高于全国均值水平。与精耕农业发达的适宜开发区不同，较适宜开发区在粮食供给方面省际差异较大，随着地区工业化和城镇化进程的加速，不同地区粮食生产所面临的困境和压力不尽相同。自清代晚期逐渐开发的东北地区和河北，以及四川、重庆和湖北等省（自治区、直辖市）粮食自给率相对较高，其中，吉林和黑龙江两省的粮食生产能力显著优于其他地区，2010年，两省粮食自给率分别高达252.6%和319.1%，它们也成为国家粮食安全保障的重要基础。北京、天津则长期依赖粮食的外部供给，1995年以前，两个直辖市粮食自给率尚在40%~70%，进入21世纪以来，自给率水平均降至30%以下，到2010年，北京更是降到14.4%。山西、陕西、云南、贵州，粮食自给率在20世纪80年代前后也出现较大变化，80年代之前粮食自给能力相对较高，之后受产业结构调整等影响，自给率下降显著，到2010年，均下降至80%左右（图7-4）。

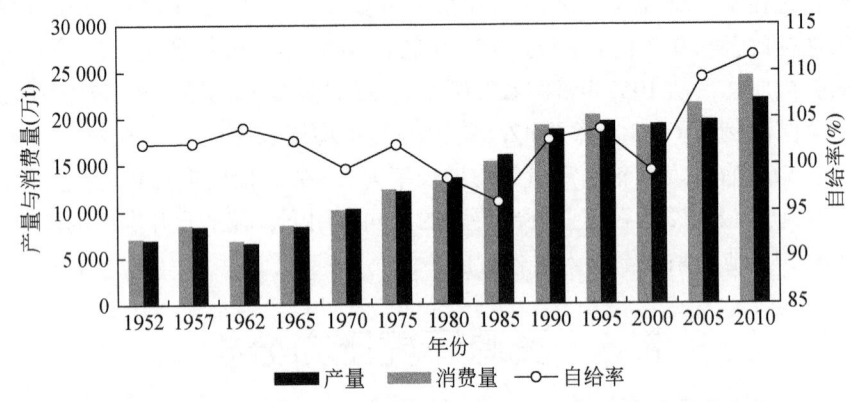

图7-4　1952~2010年适宜开发区粮食产量、消费量与自给率变化

第二，耕地面积呈减少趋势。与适宜开发区的大幅减少趋势相比，较适宜开发区耕地面积总体变化不大，因此尚能保障粮食的持续供给。20世纪50年代初，较适宜开发区的耕地面积约为5058.6万hm²，占全国比例的46.29%。1952~2010年，较适宜开发区的耕地面积常年在6000万hm²上下，其中最高峰时的1975年超过6600万hm²。到2010年，较适宜开发区的耕地面积降至5995.1万hm²，与最高峰时相比，下降了9.2%，但仍比50年代初高出18.5%。由于其他地区耕地减少幅度更大，2010年较适宜开发区耕地占全国比例达到49.3%，比1952年高出约3个百分点（图7-5）。

由于较适宜开发区主要位于中国地形上不同阶梯的过渡带上，水土流失和土地荒漠化问题相当严重，突出表现在陕西和山西等黄土高原区，以及云、贵、川（渝）等西南山区。由于土质疏松且常有暴雨冲刷，黄土高原区平均土壤侵蚀模数达到3700t/(km²·a)，其中，最严重地区达到50 000~60 000t/(km²·a)，晋陕峡谷地带输入黄河的泥沙占输沙总量的60%，常带来河道堵塞等问题（张惠霞等，2004）。黄土高原输沙强度呈明显地带性分布，其中，强输沙区呈带状分布于陕西北部和山西西部（信忠保等，2009）。由于地势高，断裂发育，河流下切强烈，山高坡陡及降水量大而集中，西南地区水土流失同样严重，文献资料显示，1986年，云南、贵州和四川三省水土流失面积分别为14.64万km²、7.61万

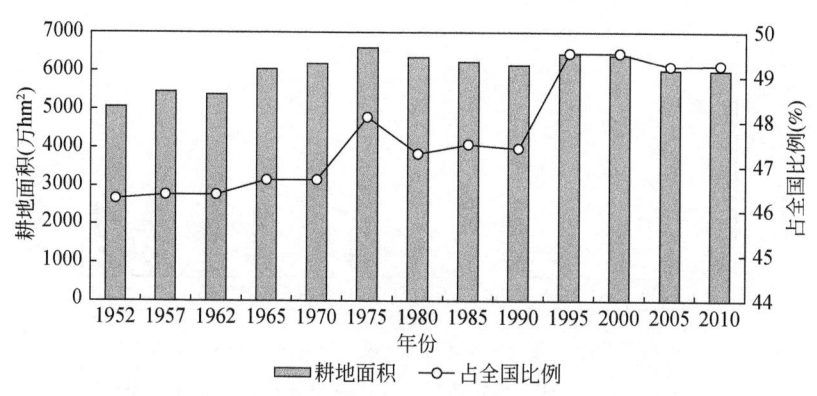

图 7-5 1952~2010 年较适宜开发区耕地面积变更趋势

km² 和 24.88 万 km²，水土流失面积比例分别达到 38.19%、43.54% 和 43.98%，1954~1986 年，因水土流失造成的经济损失达 6906 万元（柴宗新，1995）。1999 年，国家开始实施退耕还林政策，水土流失量受到控制，同时，20 世纪六七十年代以来，各类水利工程的建成（如位于山西与河南交界处的三门峡水利枢纽和位于贵州省的猫跳河梯级水电站）可以有效地拦截大量泥沙，但其带来的生态影响亦不容忽视。

第三，水资源综合开发。随着工业化和城镇化发展，较适宜开发区的水资源综合开发强度也在不断扩大。由于地处主要江河的中游地区，较适宜开发区的水资源基础较好。其中，水资源量约占全国总量的 30.6%，水能发电潜力值更高，占全国的 57.9%。

根据模型分析，20 世纪 50 年代初，较适宜开发区水资源综合开发程度为 0.7%。除了 423.2 亿 m³ 的社会生产与生活用水外，由于东北三省早期开发，水力发电量约为 13.0 亿 kW·h。在经历 50 年代末到 60 年代初的短暂下降后，较适宜开发区的社会生产与生活用水量持续增长。到 1990 年，较适宜开发区的社会生产和生活用水量达到 1598.9 亿 m³，比 1952 年增长了 2.8 倍；水力发电量则达到 622.5 亿 kW·h，比 1952 年增长了 46.9 倍。因而，较适宜开发区的水资源综合开发程度也上升至 8.9%，较 1952 年提高了 8.3 个百分点。90 年代后，人文社会活动快速发展，水资源综合开发程度也显著提高。到 2010 年，适宜开发区的社会总用水量上升至 1840.9 亿 m³，水力发电量则达到 4183 亿 kW·h，较 1990 年分别增长了 15.1% 和 5.7 倍。其结果是，较适宜开发区的水资源综合开发程度达到 24.8%，相比于 1990 年大幅增长了 15.9 个百分点，高出同期全国平均水平（21.5%）3.3 个百分点（图 7-6）。

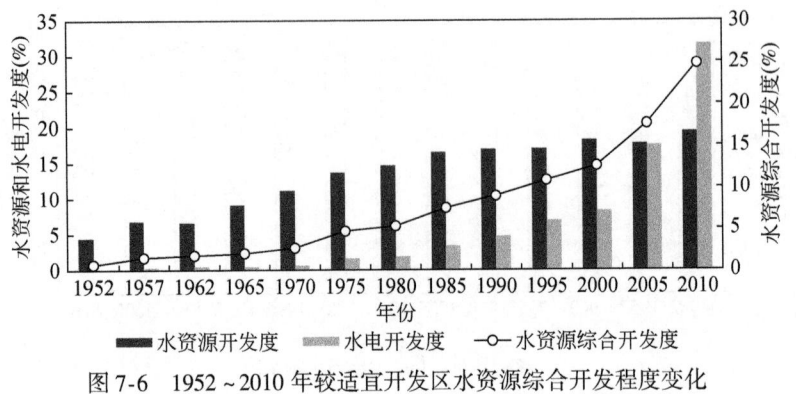

图 7-6 1952～2010 年较适宜开发区水资源综合开发程度变化

在较适宜开发区的省区中，京津冀所面临的水资源问题最为严重，尤其是作为国家首都的北京，其城市和产业发展所需水资源量已超出区域保水能力，连年出现的供水缺口，主要靠超采地下水和利用不合标准的废污水达到供需平衡（林文棋，2005）。而地下水位的持续下降也带来了河湖干涸、地面沉降等严重的环境问题。北京水资源开发度从 1952 年的 42.8% 提高到 2010 年的 151.9%，用水缺口巨大。主要缺口由再生水、南水北调用水及应急供水填补，北京直接用水的保障区从中华人民共和国成立初期的本市区域内扩展到周边坝上地区甚至长江流域的丹江口水库区，用水规模的提高使跨流域调水成为北京直接用水的重要来源。南水北调中线工程由汉江丹江口水库取水（远景从长江补水），输水线路全长为 1246km，其中，黄河以南为 482km，黄河以北为 764km，全线沿新建总干渠输水，平均年调水 130 亿～145 亿 m³，供水范围包括北京、天津、河北、河南及湖北五省市（潘家铮，2002），五省市中除河南位于适宜开发区外，其余四省市均位于较适宜开发区。2014 年 12 月，历时十余年的南水北调中线工程通水，截至 2015 年 3 月北京累计收受南水达 32.1 亿 m³，外调水量比例显著增加。

第四，能源供应保障。与能源资源储量不足的适宜开发区相比，较适宜开发区能源资源丰富，辽宁、山西、陕西、河北、黑龙江更是能源生产大省。但同适宜开发区一样，较适宜开发区的能源结构同样存在煤多、油少、气缺的特征。

自工业化初期至 2010 年，较适宜开发区的能源生产与消费除个别时期外，总体呈现稳步增长的态势。较适宜开发区优越的能源资源基础，保障了这一地区一次能源供应自给率均超过 100%（2000 年前后除外）。1952 年，较适宜开发区的一次能源消费量约为 0.3 亿 tce，其中 96.9% 来自煤炭，另有少数来自石油和水电。此后由于资源开发力度的不断增强，能源生产能力日益提升，至 1985 年，一次能源自给率达到 137.7%，比 1952 年的 109.0% 提高了 28.7 个百分点，增幅显著。随着 20 世纪 80 年代后期工业化和城镇化的进一步推进，能源消费水平不断提升，2010 年，较适宜开发区一次能源消费量达到 15.9 亿 tce，比 1952 年消费水平高出近 52 倍。在生产方面，2010 年，较适宜开发区一次能源产量为 16.0 亿 tce，占全国比例为 52.0%，相应地，一次能源自给率降至 100.8%，与 1985 年相比，减幅达到 36.9 个百分点（图 7-7）。

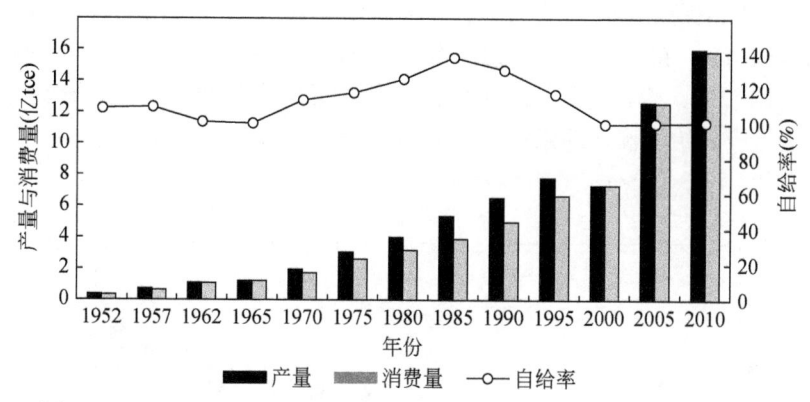

图 7-7　1952~2010 年较适宜开发区一次能源产量、消费量与自给率变化

在上述的能源供应变化中，煤炭和石油的作用最为明显。其中，较适宜开发区煤炭生产和消费占一次能源产量和消费量的比例均高于 65%。从自给率上看，1952 年，较适宜开发区煤炭自给率为 108.6%，到 1985 年，煤炭自给率在振荡中提高至 128.5%，相比于 1952 年提高了近 20 个百分点。自 20 世纪 80 年代末，较适宜开发区的煤炭产量与消费量均大幅提高，到 2010 年，该区煤炭产量达到 11.8 亿 tce，比 1985 年增加了 2 倍；煤炭消费量达到 11.0 亿 tce，比 1985 年增加了 2.6 倍；因此，到 2010 年较适宜开发区煤炭自给率下降至 108.0%，比 1985 年低了 20.5 个百分点，甚至还低于 1952 年的自给率水平（图 7-8）。

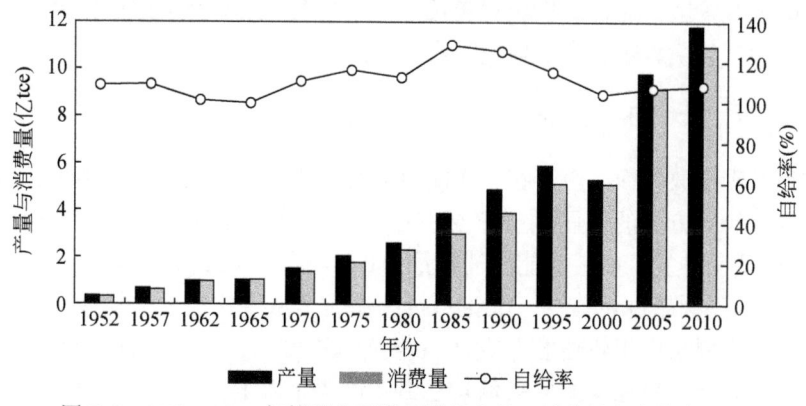

图 7-8　1952~2010 年较适宜开发区煤炭产量、消费量与自给率变化

与煤炭相比，在较适宜开发区一次能源供应中原油作用稍晚，但到1965年，石油生产占一次能源供应的比例便超过了10%，达到10.6%。从石油自给率上看，较适宜开发区的石油供应可划分为两个主要阶段：第一个阶段是20世纪60年代初至80年代中期，石油自给率稳步提高，从1962年的110.0%提高至1985年的208.0%，提高了98个百分点；石油产量从1962的0.06亿tce提高至1985年的1.17亿tce，提高了18倍之多。第二个阶段是1985~2010年，石油自给率逐渐降至74.2%，降幅达到133.8个百分点；尤其是2000年左右，较适宜开发区的石油供应开始依赖外部供给，石油输入量从2000年的0.08亿tce迅速提高至2010年的0.63亿tce，增幅显著（图7-9）。

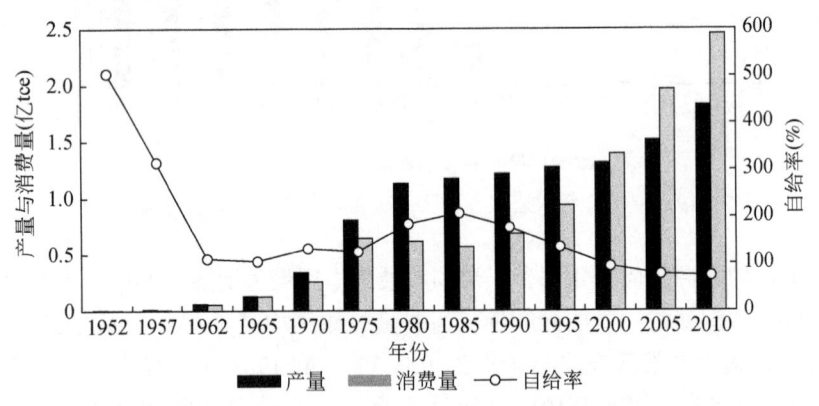

图7-9 1952~2010年较适宜开发区原油产量、消费量与自给率变化

7.3.2 环境压力

较适宜开发区工业化历史相对较长，资源开发利用对环境造成巨大压力，主要体现在大气环境影响、水土环境污染和自然灾害三个方面。

7.3.2.1 大气环境影响

首先是碳排放方面。由于在一次能源消费结构中，煤炭占主导地位，较适宜开发区的碳排放方面的问题同样不容忽视。数据分析显示，工业化初期（1952年），当较适宜开发区的一次能源消费量为0.34亿tce时，其碳排放量约为0.24亿t，占全国比例超过69.2%，无论从排放量还是从占比上看，均显著高于适宜开发区。这主要是由于较适宜开发区所涉及的省份中，东北三省、四川、河北、山西、湖北和天津等地碳排放数值均达到150万t以上，辽宁省更是高达770.8万t，这些省份多是在新中国成立前就拥有了具有一定规模的工业，或能源矿产资源开发已经开展。待到 1990 年（人地关系从宽松转向紧张阶段），一次能源消费达到 5.0 亿 tce 时，较适宜开发区的碳排放则达到了 3.4 亿 t，占全国比例则下降到 50.1%，与 1952 年相比，下降了 19.1 个百分点。在随后二十余年的快速发展后，到 2010 年，较适宜开发区的一次能源消费量为 7.3 亿 tce，其碳排放达到 9.6 亿 t，相比于 1990 年增长了 1.8 倍，但由于其他地区碳排放增长更为迅速，其占全国比例则进一步下降至 42.6%，较 1990 年下降了 7.5 个百分点（图 7-10）。

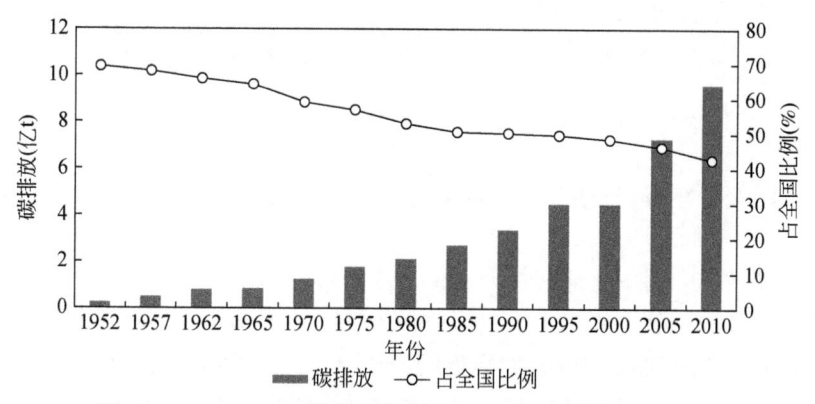

图 7-10　1952~2010 年较适宜开发区 GDP 与碳排放增长变化

其次是大气颗粒污染方面。除了长江三角洲和珠江三角洲，黄淮海平原和长江河谷是另外两个灰霾天气发生最为频繁的地区，其中，黄淮海平原覆盖的京津冀地区和长江河谷覆盖的川渝鄂地区均位于较适宜开发区。其中，由于国家首都这一特殊地位，北京灰霾天气受到更多的关注。自 20 世纪 50 年代中期开始灰霾天气就经常出现在较适宜开发区内。从北京灰霾天气变化上看（图 7-11），50 年代中期开始出现大规模的灰霾天气，超过 160 天，随后有所下降，至 60 年代后期降至最低，少于 10 天；随着工业化发展加速，霾日发生量持续走高，至 80 年代初期超过 220 天，这一时间段大致持续到 21 世纪初；随后北京市产业结构调整，尤其是迎接奥运会，霾日发生量略有下降，但由于京津冀地区总体大气环境不佳，以及地形所形成的累积污染带叠加近地层输送场（吴兑等，2014），自 2012 年起，北京灰霾天气日趋严重。2013 年 1 月发生的大规模灰霾事件对京津冀地区影响巨大，据估算北京由航班停飞、高速封路、交通事故等造成的直接损失高达 6418 万元（穆泉和张世秋，2013），这还不包括工厂停工、居民健康影响等方面的损失。

7.3.2.2　水土环境污染

首先是水环境污染。与适宜开发区一样，较适宜开发区内也存在大规模的水

图 7-11 1954~2010 年北京灰霾天变化趋势

环境污染问题，"三河三湖"水污染治理工程中的海河、辽河和滇池均位于较适宜开发区。

海河流域为中国华北地区最大水系，地跨京、津、冀、晋、鲁、豫、辽、内蒙古 8 个省（自治区、直辖市），流域面积为 31.8 万 km²。工业废水和生活污水的超量排放，使海河成为污染最严重的河流之一。资料显示，21 世纪初期，海河流域年排放废污水量已超过 50 亿 t，流域受污染的河流长达 3068km，其中受到严重污染（Ⅴ类及劣Ⅴ类标准）的河段就有 2784km；海河流域地下水污染严重，在 2000 余眼监测井中，仅有 30% 的井水水质符合生活饮用水标准，有 26% 的井水水质达不到农灌水质标准。据水利部海河水利委员会公布数据，2010 年达到或优于Ⅲ类水质标准的水功能区占评价总数的 58.1%，2009 年占 58.0%，水质变化不大。劣于Ⅲ类主要超标项目为溶解氧、氨氮、高锰酸盐指数、化学需氧量、五日生化需氧量和挥发酚等。从总体上看，水质污染仍比较严重。

辽河流域地处东北地区，其污染状况与海河流域类似，20 世纪 80 年代，作为中国的老工业基地，大量工业废水和生活污水直接排入河内，使水质受到严重污染，到 90 年代中期，辽河流域绝大多数的河流水质均属劣Ⅴ类标准，即基本丧失了一切使用功能。尽管辽河于 2012 年底前率先退出全国"三河三湖"重点治理名单，但在辽河流域治理累计投入的资金超过 300 亿元。

滇池位于云南省昆明市西南部，流域总面积为 2866km²，湖体面积约为 297.9km²，是云南省内最大的淡水湖。滇池是"三河三湖"中面积最小的水体，但其污染程度却最不容乐观。据统计，20 世纪 70 年代滇池及其流域各河沿岸市属以上工厂 800 多个，每天约有 68.7 万 t 的污水排入，其中，工业废水为 62.2 万 t，生活污水为 6.47 万 t。随后随着城区进一步扩张，特别是滇池西岸重工业的发展和东南部农业生产中大量化肥、农药的施用，使滇池污染日益加重。水质等级从 20 世纪 60 年代草海、外海水质均为Ⅱ类，70 年代为Ⅲ类，到 80 年代草海水质变为Ⅴ类、90年代为劣Ⅴ类，外海80年代为Ⅳ类、90年代为Ⅴ类，再到21世纪初，水质达到劣Ⅴ类。滇池水资源饮用水源功能已丧失，渔业功能部分丧失（损失率>90%），主要用于旅游和灌溉，经初步测算，滇池2010年因水污染造成的经济损失总计为72.75亿元（谭晓等，2012）。

其次是土壤污染。较适宜开发区的土壤污染问题最为突出的当属东北老工业基地，主要表现在不适当的污水资源利用造成农田土壤污染和铅、锌等金属矿及石油、煤炭等矿产的开采造成的土壤污染。其中，农田土壤污染的主要污染物是重金属和石油类物质，以辽宁省张士灌区和沈抚灌区较为严重，两灌区在20世纪80年代污染面积分别达到28km²和100km²；黑龙江省污水灌区主要集中在哈尔滨、齐齐哈尔、佳木斯、牡丹江等地，面积约为145km²（魏树和和周启星，2008）。城市和乡镇工业污水排放和固体废物污染对土壤环境的影响同样不容忽视，此外一个重要的污染源是化肥、农药等的大量施用。持续多年的化肥施用量增大，对土壤造成的污染风险也越来越大。

1952年，较适宜开发区的农用化肥施用量仅2.03万t（折纯量计算，下同）。此后随着粮食产量提升和设施农业的发展，农用化肥施用量不断提高。其中，1952~1975年，化肥施用量增长相对平稳，到1975年达到202.51万t，增长近99倍。随后，较适宜开发区耕地面积总体上呈下降趋势，1975~2010年粮食产量增长了近1倍。为保障粮食生产，农用化肥施用量到2010年增长至2168.7万t，较1952年增长了1067倍（图7-12）。

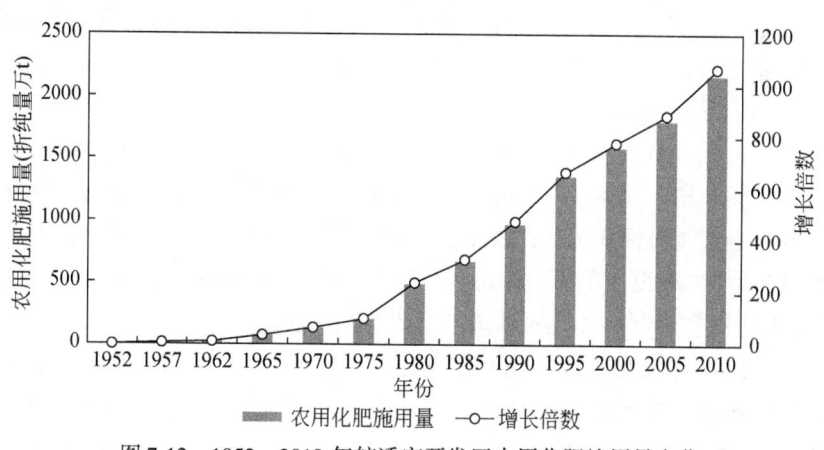

图7-12　1952~2010年较适宜开发区农用化肥施用量变化

7.3.2.3　自然灾害

作为人地关系演进状态相对紧张的地区，较适宜开发区自然灾害损失与适宜开发区相比同样巨大，除前述章节中提到的 2008 年前两个月的雨雪冰冻灾害外，1998 年 6 月的特大洪水灾害和 2008 年 5 月的汶川地震均是典型的案例。

第一，1998 年特大洪水灾害。1998 年 6 月中旬发生的特大洪水灾害，主要集中在长江流域和北方松花江、嫩江流域，造成了历史罕见的大洪水灾害。全国 29 个省（自治区、直辖市）遭受不同程度的洪涝灾害。造成这一灾害的直接原因是降水异常，间接原因则是森林覆盖率急剧下降、生态环境恶化，以及人水争地、围湖造田影响洪水的自然调蓄（张光斗，1999；吴映文等，1999）。

1998 年汛期，解放军、武警部队投入长江、松花江流域抗洪抢险的总兵力达 36.24 万人，动用车辆 56.67 万台次，舟艇 3.23 万艘次，飞机和直升机 2241 架次。据统计，全国参加抗洪抢险的干部群众在 8 月下旬达到高峰，共 800 多万人，其中，长江流域为 670 万人，东北地区为 110 万人。国家发展计划委员会、国家经济贸易委员会、财政部、民政部及时下拨资金、物资。铁道部门安排抗洪救灾军用专列 278 列，运送部队官兵 12 万余人，紧急运送救灾物资 5 万多车皮。民航系统安排抗洪抢险救灾飞行 1000 多架次，运送救灾物资和设备 560 多 t。国家防汛抗旱总指挥部从全国务地紧急调拨了大量抢险物资，共调拨编织袋 10 376 万条、编织布 1400 万 m^2、无纺布 286 万 m^3、橡皮船 2415 只、冲锋舟 760 艘、救生衣 59.92 万件、救生圈 7.74 万只、帐篷 4650 顶、照明灯 3082 台、铅丝 455t、砂石料 6.79 万 m^3、防汛车 136 台、抢险机械 46 台，调出物资总价值为 4.94 亿元。据统计，在 1998 年抗洪抢险斗争中，各地调用的抢险物料总价值为 130 多亿元。全国各族人民纷纷捐款捐物，支援灾区。民政部、中华慈善总会、中国红十字会和各地民政部门收到的各界捐款为 35 亿元，捐物折款为 37 亿元（中华人民共和国水利部，1999）。

其中，长江流域受灾最严重的湖北省有 297.12 万人被水围困，转移 300.17 万人，因灾损坏房屋 106.17 万间，死亡 446 人。据统计，受灾期间，湖北省垸堤溃口 147 个，淹没面积为 1073km^2，分洪水量达 58.7 亿 m^3，其中，万亩以上垸堤溃口 27 个，淹没面积为 894 km^2，分洪水量达 51.0 m^3，均为受灾省份之首（水利部水文局和水利部长江水利委员会水文局，2002）。

第二，2008 年汶川地震。2008 年 5 月 12 日 14 时 28 分四川省汶川县发生里氏 8.0 级强地震，最大烈度达到 11 度。地震严重破坏地区超过 10 万 km^2，极重灾区共 10 个县（市），较重灾区共 41 个县（市），一般灾区共 186 个县（市），这些县市主要分布在位于较适宜开发区的四川省，是中华人民共和国成立以来破坏力最大的地震。

据民政部报告，截至 9 月 18 日 12 时，四川汶川地震已确认 69 227 人遇难，374 643 人受伤，17 923 人失踪。据中国人民解放军总参谋部报告，截至 9 月 18

日12时，抢险救灾人员已累计解救和转移1 486 407人。据卫生部报告，截至9月18日12时，因地震受伤住院治疗累计96 544人（不包括灾区病员人数），已出院93 459人，仍有411人住院，其中，四川转外省市伤员仍住院163人，共救治伤病员4 242 616人次。

地震共造成的损失主要包括人员伤亡、财产损失和对自然环境的破坏三类。在财产损失中，房屋和基础设施，道路、桥梁和其他城市基础设施的损失相对较大。据地震初期初步估算，地震给四川带来的直接经济损失约为5817亿元（生态、资源与环境损失未计入），其中城乡居民财产损失约为1740亿元，基础设施损失约为940亿元，企业损失约为2147亿元，农业损失约为494亿元，党政机关损失约为204亿元，社会公益事业损失约为210亿元，文物损失约为82亿元（国家减灾委员会和科学技术部抗震救灾专家组，2008）。

7.4 结　　论

较适宜开发区地处适宜开发区和不适宜开发区的过渡地带，也是人地关系演进状态紧张程度仅次于适宜开发区的地区。

自国家工业化以来，较适宜开发区的人地关系同样经历了一个从相对宽松到初步紧张（1952~1990年），再到全面紧张（1991~2010年）的演进过程，所不同的是，由于各类全国性区域发展政策的影响，较适宜开发区更早进入紧张阶段，但随后的工业化和城市化东南指向发展，使较适宜开发区人地关系演进状态紧张程度低于适宜开发区。

在决定人地关系总体走向的人文活动三大要素中，较适宜开发区的人口规模增长和经济发展两者的作用呈不断减弱的趋势，与之相比，环境污染的作用保持着不断增长的趋势。

在步入人地关系全面紧张阶段后，较适宜开发区的资源环境压力也在不断增大。这种压力在资源方面主要体现为耕地面积减少、水资源综合开发程度提升和能源供应状态日趋紧张等；在环境方面则体现在以碳排放和颗粒物污染为代表的大气环境污染、工业废物与生活废物排放造成的水土环境污染及洪水、地震等自然灾害等。

尽管较适宜开发区在粮食供给和能源供给状态方面略优于适宜开发区，但鉴于其资源环境禀赋劣于适宜开发区，因而更应在人地关系全面紧张程度低于适宜开发区的情况下，及早转变资源环境开发和利用模式，以避免适宜开发区曾经历的资源环境问题。

第 8 章　不适宜开发区人地关系演进

中国资源环境的不适宜大规模开发区（简称不适宜开发区）包括了内蒙古、甘肃、青海、宁夏、新疆和西藏 6 个省（自治区、直辖市），面积为 523.6 万 km^2，是全国不适宜人类大规模生存和发展的地区。

作为全国的风源生成之所和水源汇聚之地，长期以来，不适宜开发区在国家资源环境开发利用中始终扮演着极为重要的生态屏障作用。随着国家人文活动全方位开放战略的展开，特别是"一带一路"倡议的实施，不适宜开发区将在 21 世纪中国复兴之路上扮演更为重要的生态保护和经济发展双重作用。

8.1　人地关系演进状态评价

虽然经历了半个多世纪的大规模工业化发展，但是目前不适宜开发区的人地关系演进总体上依然处于相对宽松阶段，这是该区与适宜和较适宜两大开发区的最大差异所在。然而，从人地关系演进的总体趋势上看，不适宜开发区与适宜和较适宜两大开发区也存在着明显的一致性，即该地区的人地关系演进也呈现出一个快速收紧的趋势。所不同者，不适宜开发区人地关系的演进经历是一个从完全宽松阶段向相对宽松阶段的转变过程（图 8-1）。尽管如此，不适宜开发区的资源环境基础在某一要素领域和局部地区所面临的严峻压力依然是无法回避的。

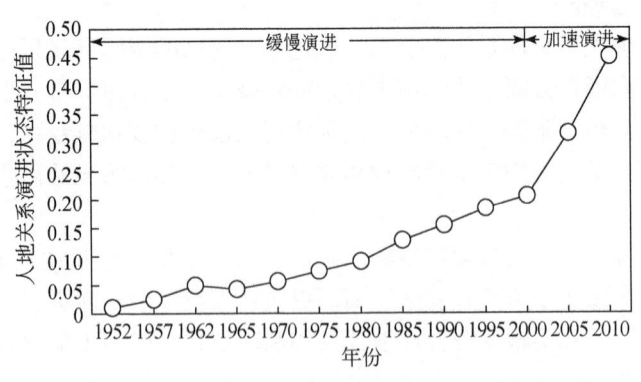

图 8-1　1952~2010 年不适宜开发区人地关系演进过程

总体而言，不适宜开发区的人地关系演进大体经历了缓慢演进和加速演进两个阶段。

8.1.1　缓慢演进阶段（1952~2000年）

在国家工业化之初，不适宜开发区人地关系演进保持着极为明显的农耕经济特征。1952年，不适宜开发区的人口仅有2700多万人，其中的农业人口比例接近89.0%，高出全国均值水平1.4个百分点。更为重要的是，整个地区的社会财富产出（GDP）不足42.0亿元（1952年价，下同），其中第一产业的产出比例为65.0%，高出全国均值水平14.5个百分点。如此人文活动的特征决定了当时不适宜开发区人地关系演进所处的非常宽松状态，其演进特征值只有0.01，仅相当全国均值水平的7.8%。

自1952年起，不适宜开发区开始进入现代化发展阶段，其中心任务便是建立相对独立的省级地域工业生产体系。然而，受到远离国内资本、技术和消费市场主体，以及自身工业基础近乎完全空白和内外交通十分闭塞等客观条件的限制，地区工业化初期的发展举步维艰。为此，不适宜开发区更多地依赖人力与资源环境两大生产要素的投入来启动和推进地区工业化发展。在此方面，一个最为典型的实例便是发生于20世纪50年代初期以来的新疆军垦。数十万人屯垦戍边，长期参与大规模的水土资源开发，不仅为当地社会的政治安定提供了可靠的物质保障来源，也为地区工业化初期的资本积累提供了必要条件。经历了近30年的奋斗，不适宜开发区的工业化发展已经初见成效。例如，1952~1980年不适宜开发区的耕地面积增幅达55.0%，第一产业的产出（GDP）增幅更是达到了100.0%，分别高出全国同期耕地和第一产业产出增幅32.3个百分点和40.4个百分点。

正是由于上述生产要素投入，这一时期不适宜开发区的社会财富产出（GDP）增长了5.8倍，年递增速度达6.18%。更为重要的是，地区社会财富产出的部门贡献结构发生了重大变化。1980年地区GDP中第一产业的比例为14.7%，较1952年大幅下降了35.8%；与之相比，第二产业的比例为64.0%，较1952年大幅上升了43.1%。

应当指出的是，毕竟由于初始发展的基础过于薄弱，这一轮工业化发展所造成的资源环境开发需求变化并未对当地人地关系的演进产生重大影响。正如此，这一阶段不适宜开发区人地关系演进的曲线只是表现出一种相对平缓的上升趋势。到1980年，不适宜开发区的人地关系演进状态特征值为0.091，不足当时全国均值水平的13.0%。

自 20 世纪 80 年代以来，这一情况开始发生变化。随着改革开放后适宜和较适宜两大开发区工业化进程的加快，全国的能源和原材料供应紧张的局面日趋严峻。为了突破制约国民经济发展的瓶颈，确保预期发展目标的实现，国家加大了对不适宜开发区资源环境开发的力度。例如，"七五"时期（1986～1990 年）不适宜开发区的工业基建投资较"六五"时期（1981～1985 年）增长了约 3.1 倍，与全国同期的增幅相比高出约 10 个百分点。如此资本投入，加速了当地工业化发展。到 2000 年，不适宜开发区的能源和原材料产品，如煤炭、原油、粗钢、化肥和发电量占全国的比例较 1980 年分别提高了 4.6 个百分点、8.1 个百分点、1.4 个百分点、6.3 个百分点和 6.7 个百分点。如此工业化的发展加大了当地资源环境开发的力度。其结果是，不适宜开发区人地关系演进状态特征值超过了 0.200，较 1980 年增长了 1.25 倍。

8.1.2　加速演进阶段（2001～2010 年）

进入 21 世纪后，不适宜开发区的人地关系开始进入了一个快速演进阶段。一方面，以城镇化，特别是经济城镇化为主导的全国现代化发展明显加速，以致长期以来的能源和原材料供应紧张局面不仅未能得到丝毫缓解，反而变得更加严峻；另一方面，随着改革开放向内陆地区的大幅推进，资本与技术的不断输入不仅迅速提升了当地能源与原材料的生产能力，而且也极大地推进了当地融入全国市场一体化的进程。2001～2010 年，不适宜开发区的经济总量始终保持以 11.45% 的年递增速度增长，不仅高出本地前一时期（1952～2000 年）4.3 个百分点，就是与全国同期的增幅相比也高出了 1.11 个百分点。到 2010 年，不适宜开发区的社会财富产出占全国的比例为 5.4%，较 2000 年提升了 0.5 个百分点。相应地，当地的主要工业产品如纯碱、水泥、化肥、发电量、焦炭、塑料、烧碱、乙烯、原煤和天然气等占全国的比例也分别比 2000 年提高了 1.3～16.1 个百分点（表 8-1）。

表 8-1　不适宜开发区工业产品及经济占全国比例　　　　（单位:%）

年份	主要工业产品										经济	
	原煤	天然气	发电量	焦炭	水泥	化肥	烧碱	纯碱	乙烯	塑料	GDP	二产
2000	13.2	16.2	8.5	5.3	4.5	8.9	4.6	9.1	3.1	6.2	4.9	3.4
2010	28.8	32.3	12.0	10.3	6.8	12.2	13.1	10.4	13.3	13.5	5.4	4.4
增长	15.6	16.1	3.5	5.0	2.3	3.3	8.5	1.3	10.2	7.3	0.5	1.0

上述人文活动的快速发展，在快速提升不适宜开发区在全国经济发展地位的同时，加大了当地资源环境的开发力度，并最终导致不适宜开发区的人地关系从缓慢演进状态进入快速演进状态。2010 年，不适宜开发区的人地关系演进状态特征值上升至 0.45，年递增速度达到了 8.13%，高于缓慢演进阶段 1.8 个百分点。

与经济的发展情况有所不同，不适宜开发区人文活动的空间组织结构变化表现得相对稳定一些，特别是在人口规模增长方面。不适宜开发区的人口规模在 1952 年为 2740 多万人，占全国比例仅有 4.74%；到 2000 年约为 8210 万人，占全国比例为 6.48%；2010 年的人口总数则超过了 0.87 亿人，占全国比例为 6.53%。就人口城镇化的发育而言，情况并不乐观。不适宜开发区的人口城镇化率 1952 年仅有 11.0%，占全国城镇人口比例也仅为 4.2%。此后随着地区人口城镇化水平的不断上升，占全国城镇人口比例也呈现出一种快速上升的局面。1985 年不适宜开发区的人口城镇化升至 35.1%，占全国城镇人口比例也随之升至 9.1%。但是自 20 世纪 90 年代以来，情况开始发生逆转。2010 年当不适宜开发区的人口城镇化率为 44.2% 时，占全国城镇人口比例只有 5.74%，较 1985 年高峰下降了约 3.4 个百分点。究其原因，除了受制于改革开放以来国家资源环境开发空间整体向东南倾斜外，与当地大规模水土资源开发，特别是军垦活动的空间边界基本定格不无关系。

尽管整体处于宽松状态，不适宜开发区人地关系演进的空间格局变化还是十分明显的，特别是进入 21 世纪以来。数据分析显示，2000 年除了宁夏和甘肃两个省（自治区、直辖市）的人地关系演进开始转入相对宽松阶段外，其他 4 个省（自治区、直辖市）的人地关系演进依然处于完全宽松阶段。但是到了 2010 年，宁夏和甘肃两个省（自治区、直辖市）的人地关系演进状态已经完全跨入了紧

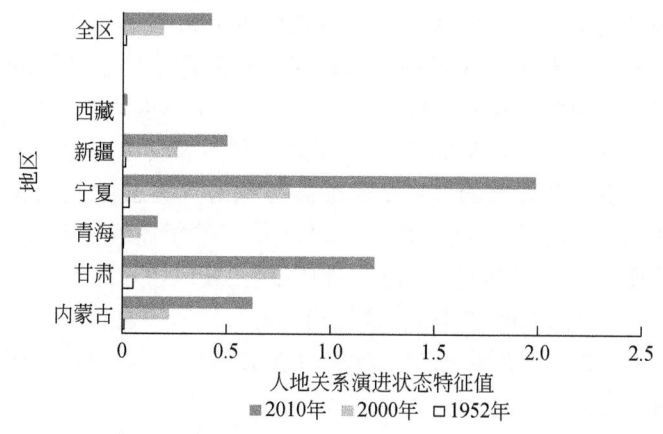

图 8-2　1952~2010 年不适宜开发区人地关系演进空间格局变化

张阶段的门槛，而此时的内蒙古的人地关系演进也开始转入相对宽松阶段，唯有新疆、青海和西藏3个省（自治区、直辖市）的人地关系演进尚能保持完全宽松的局面（图8-2）。

8.2 人地关系演进的动力结构分析

与其他开发区的情形有所不同，在不适宜开发区人地关系演进的人文要素作用中，人口增长的作用有一个不断减弱的趋势；经济发展的作用则有一个逐步增强的走向；相比之下，环境影响始终保持着最为重要的地位（图8-3）。

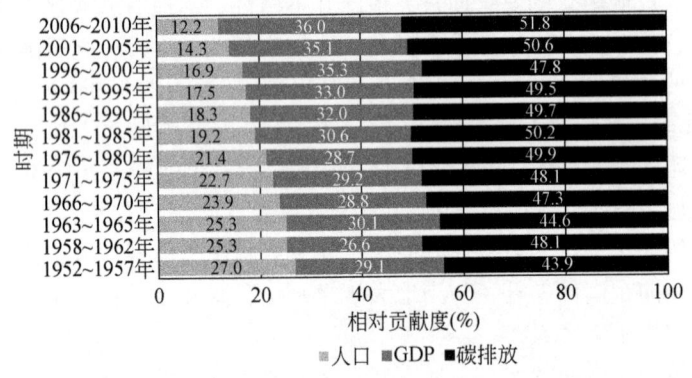

图8-3 1952~2010年不适宜开发区人地关系演进的人文要素作用分析

首先，就人口增长而言，自20世纪50年代以来，由于长期执行大规模屯垦戍边政策，不适宜开发区的人口基本保持着稳中有进的增长态势。在地区人地关系缓慢演进的前期（1952~1980年），不适宜开发区的人口增长了2.22倍，年递增速率达到了2.89%，高出全国同期均值水平0.94个百分点。然而，在当地的工业化发展的大背景下，人口的增长作用还是呈现出明显的下降态势。1980年不适宜开发区人地关系演进中的人口增长的相对贡献度为21.4%，较50年代初减少了5.6个百分点。进入80年代中期后，在国家资源环境开发的东南指向政策影响下，不适宜开发区的人口增长继续呈现出减缓态势。2000年地区人口虽然超过了0.82亿人，但期间（1981~2000年）的年递增速率却只有1.55%，较缓慢增长前期下降了1.34个百分点。相应地，人口增长的相对贡献度也随之降至不足17.0%。自21世纪以来，这种趋势变得更为明显。2010年不适宜开发区人地关系演进中的人口增长相对贡献度只有12.2%，与2000年相比，降幅达到了4.7个百分点。

其次，作为社会财富增长的代表，GDP增长在不适宜开发区人地关系演进中的作用在经历了一段起伏后才呈现出稳定增长过程。之所以出现如此状态，究其原因有二：其一，如前所述，由于社会生产基础过于薄弱，不适宜开发区不得不更多地通过传统的第一产业发展来实现工业化初始阶段的资本积累。然而，"靠天吃饭"的农耕水土资源开发常常因为天气的变化而无法确保社会财富积累增长的稳定，因而造成 GDP 在人地关系演进中影响的波动。例如，1952~1962 年，不适宜开发区的耕地面积增长了 14.2%，但因气象灾害，粮食生产却减少了 2.1%。由于当时地区社会财富产出的近半数来自第一产业，如此变化造成 GDP 在人地关系演进中的相对贡献度下降了 6.7 个百分点。其二，受制于落后的工业生产结构，不适宜开发区不得不更多地依赖能源物质投入来推动当地工业化进程，从而在很大程度上抑制了社会财富积累的增长效率。例如，按当年价计算，2010 年不适宜开发区 GDP 的三次产业结构为 12.7∶51.1∶36.2，与全国同期 10.1∶46.7∶43.2 的三次产业结构相比，差距甚大。更为重要的是，不适宜开发区工业产出的近 85.0% 来自采掘与原材料加工部门，而同期全国工业产出的 50.3% 来自采掘和原材料加工部门。如此经济发展和工业生产结构难以维系地区社会财富长期的高速积累。1952~2010 年，不适宜开发区 GDP 年递增速度为 7.89%，但与全国均值水平的 8.14% 相比，还是低了 0.25 个百分点。

除了个别时段外，在不适宜开发区人地关系演进过程中，以碳排放为代表的环境污染作用和影响总体上保持着上升的态势。在缓慢演进初期（1957 年），环境问题在不适宜开发区人地关系演进中的相对贡献度就已经达到了 43.9%。此后除了三年调整时期（1963~1965 年）外，环境问题在不适宜开发区人地关系演进中的相对贡献度一路上扬，到 1980 年时已接近 50.0%。自 20 世纪 80 年代中期后，情况开始发生变化。到 2000 年时环境问题的相对贡献度已经降至 47.8%。然而，进入 21 世纪以来，环境问题的影响力再一次呈现出快速上扬走势。到 2010 年时相对贡献度定格于 51.8%，达到了整个考察期的峰值。这一现象是长期执行以大规模资源投入为主的工业化推进政策的一种必然结果。因为在资本和技术投入尚处在十分有限的情况下，大规模的物质能量投入必然产生快速增长的废弃物排放。例如，1952~2010 年，不适宜开发区国土单位面积的一次能源消费和碳排放的年递增率为 10.16% 和 9.95%，分别高出全国均值水平 2.46 个百分点和 3.30 个百分点。这正是导致环境污染在不适宜开发区人地关系演进中始终保持主导影响力且呈现反复上扬态势的根本原因。显然，对一个生态十分脆弱的地区而言，如此居高不下的环境污染影响力绝对是一把悬于当地人地关系演进过程中的一柄"达摩克利斯之剑"。

8.3 资源环境压力分析

与适宜和较适宜两大开发区相比，不适宜开发区人地关系演进的资源环境基础压力在表现形式上有着明显差异，其关键在于自身利用效率粗放而造成资源开发规模快速扩张，并最终殃及当地脆弱环境的稳定。

8.3.1 资源压力

不适宜开发区的国土面积为 524 万 km²，占全国的 54.8%；人口为 8700 多万人（2010 年数据），仅占全国的 6.5%，是国内典型的地广人稀区域。在六大关键资源要素中，这一地区拥有全国 25.0% 的淡水、14.1% 的耕地、90.3% 的草场、20.3% 的林地、40.1% 的矿产和 28.4% 的能源。按人均资源的拥有量计算，不适宜开发区则为全国均值水平的 2.2~12.8 倍，是国内自然资源大户。

然而受到地理开发条件和社会生产技术的双重制约，长期以来不适宜开发区的资源利用效率处于粗放状态，由此对当地资源的持续开发造成巨大压力。总体而言，这种压力主要体现在淡水和草场两大资源的供应和承载保障方面。

第一，淡水供应压力。长期以来不适宜开发区的淡水资源开发率只有全国均值水平的 65.0% 左右，但其单位 GDP 产出的淡水资源消耗却为全国均值水平的 2.8 倍（图 8-4）。造成这种局面的一个关键原因在于低效农业灌溉用水的快速扩张。为了改善社会民生和解决工业化初始资本积累问题，长期以来，不适宜开发区执行以农为先的发展战略。应该说这是一种明智的战略选择。但是，作为一个地处干旱和半干旱的区域，大规模的土地资源开发必然伴随当地淡水资源使用需求的大幅提升。相关数据分析显示，1952~2010 年，不适宜开发区农业用水占全国的比例总体上保持在 20.0% 以上。相比之下，该区粮食产量占全国的比例却仅能维持在 6.0%~8.0%（图 8-5）。如此水土资源投入产出的一个必然结果是，不适宜开发区的单位粮食产量耗水始终保持在全国均值水平的 2.0~3.0 倍的水准上。

不适宜开发区的淡水资源占全国的 1/4，但其资源总量的 75.8% 却集中在人口不足全区 10.0% 的青海和西藏两个南部高原区。如此巨大的淡水资源空间分布差异对地区淡水资源开发利用形成严峻挑战。与南部的青藏高原区相比，地处北部的内蒙古、甘肃、宁夏和新疆 4 个省（自治区、直辖市）集中了全区 90.0% 以上的人口和社会财富产出。这里不仅是全区的人文活动中心，同时也是全区最大的水资源占用者。1952 年，北部 4 个省（自治区、直辖市）的社会用水量仅

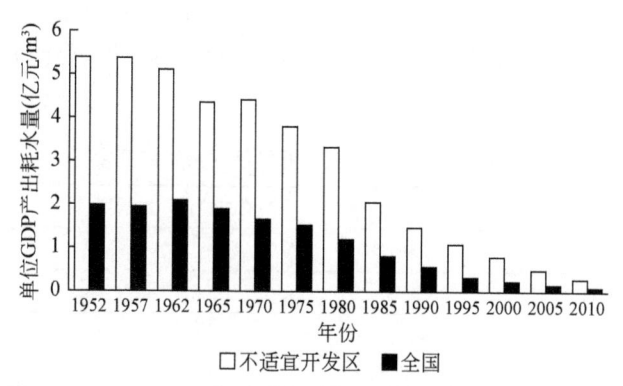

图 8-4 1952~2010 年不适宜开发区单位 GDP 产出耗水分析

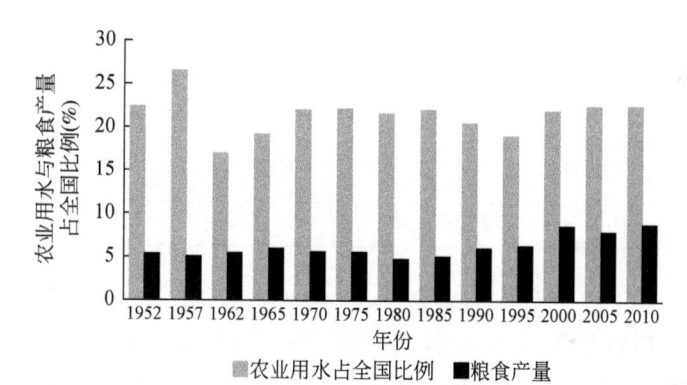

图 8-5 1952~2010 年不适宜开发区农业用水与粮食产量占全国比例分析

为 210 多亿 m³，但这里的水资源开发程度却已经达到了 12.5%，不仅高出全区 9.3 个百分点，就是与全国相比也高出了 7.7 个百分点。到 2010 年，北部 4 个省（自治区、直辖市）的社会用水量超过了 910 亿 m³，水资源开发程度上升至 53.7%，分别高出全区和全国 39.8 个百分点和 32.2 个百分点。在上述 4 个省（自治区、直辖市）中，以宁夏的水资源综合开发程度为最高，接近 850.0%，近乎完全依赖黄河干流取水；其次为新疆，水资源综合开发程度为 55.6%；甘肃为 45.2%；内蒙古最低，其水资源综合开发程度也接近 40.0%（表 8-2）。

考虑到水力发电对水资源的占用，目前不适宜开发区水资源综合开发程度已经达到了约 22.7%，与全国的 29.7% 尚有一定距离。但其北部 4 个省（自治区、直辖市）的水资源综合开发程度则达到了 42.2%，分别高出全区和全国 19.5 个百分点和 12.5 个百分点。根据国内外长期的实践，一旦地区或国家水资源综合开发程度超过了 35.0%，其中水资源综合开发程度超过 25.0%，水力（电）资源综合开发程度超过 50.0%，那么这一地区或国家的水资源总体开发便进入不健康状态，当地人类生存和发展受到水环境迫胁的程度将大为提升。从这一观点出发，不适宜开发区北部4个省（自治区、直辖市）目前的水资源利用已经达到了令人十分堪忧的地步。

表8-2 2010年不适宜开发区的水资源开发　　　　　（单位:%）

地区		资源综合开发程度		
		水资源	水力（电）资源	综合
北部	内蒙古	39.9	22.7	30.1
	甘肃	45.2	70.8	56.6
	宁夏	848.8	30.6	161.1
	新疆	55.6	14.2	28.1
	小计	53.7	33.2	42.2
南部	青海	3.5	66.9	15.3
	西藏	0.8	4.2	1.8
	小计	1.2	41.6	7.2
全区		13.9	36.9	22.7
全国		21.5	41.1	29.7

第二，草场承载乏力。草场是牧业发展的物质基础。牧业对草场的依赖不仅体现在草场面积的大小，而且也体现在草场质量的高低，这正是人们常说的草场承载力的基本内涵所在。就草场面积而言，不适宜开发区拥有全国90.0%以上的天然草场资源，为全国最大的连片天然草场集中地。更为重要的是，这里的天然草场恰恰是当地最大生态系统的基础所在。

国家人文活动的实践表明，草原游牧与农耕生产是构建中华古代文明长期发育的两大基础构成要素。然而，当国家文明发育步入现代化以来，由于传统生产经营无法适应社会财富快速积累的需求，我国牧业的发展被快速边缘化，其中最为关键的便是因工业化和城镇化的快速扩张而受到严重挤压的草场用地保障空间。

首先，为了满足人口增长和社会资本投入需求，不适宜开发区的土地利用结构发生了重大变化，特别是在地区工业化之初。数据分析显示，1952年，全区的人为土地直接占用（牧业草场+农业耕地+城镇交通，下同）约为 $257.0 \times 10^6 \text{hm}^2$，其中，草场面积为 $244.8 \times 10^6 \text{hm}^2$，比例为95.2%；耕地面积约为 $12.0 \times 10^6 \text{hm}^2$，比例约为4.7%；城镇交通占地面积为 $0.2 \times 10^6 \text{hm}^2$，比例为0.1%。1980年草场面积为 $238.0 \times 10^6 \text{hm}^2$，比例降至92.6%；耕地面积约为 $18.6 \times 10^6 \text{hm}^2$，比例升至7.2%；城镇交通占地面积为 $0.4 \times 10^6 \text{hm}^2$，比例为0.2%（图8-6）。由于国家实施"退耕还草"和"退牧还草"政策，2000年以来草场用地面积萎缩的局面最终得以扭转。到2005年时，地区草场面积所占比例为92.7%，较1995年回升0.6个百分点。

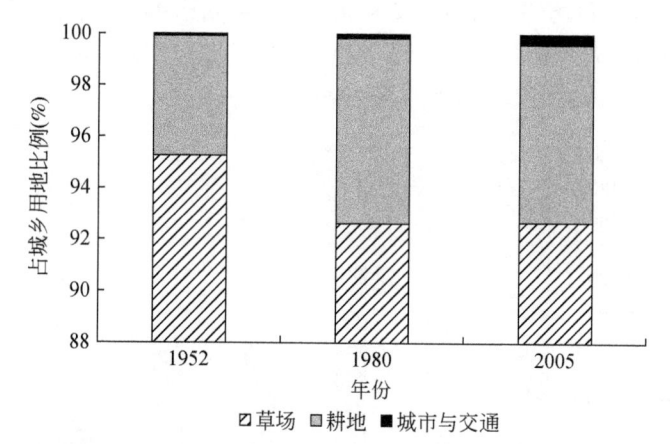

图8-6 1952~2005年不适宜开发区人为土地利用结构变化

其次，在草场用地面积不断下降的同时，单位草场面积上的载畜量却呈现出快速上升态势。据不完全统计，1952年时，内蒙古、青海、新疆和西藏4个省（自治区、直辖市）天然草场的载畜总量约为0.97亿只（绵）羊单位（下同），单位草场载畜量为1.00只羊单位/hm²。到2005年时，上述4个省（自治区、直辖市）载畜总量约为2.66亿只羊单位，较1952年增长了1.74倍；单位草场载畜量为2.66只羊单位/hm²，较1952年增长了1.72倍（图8-7）。依据草场产草量，4个省（自治区、直辖市）草场实际载畜的超载率为78.4%。

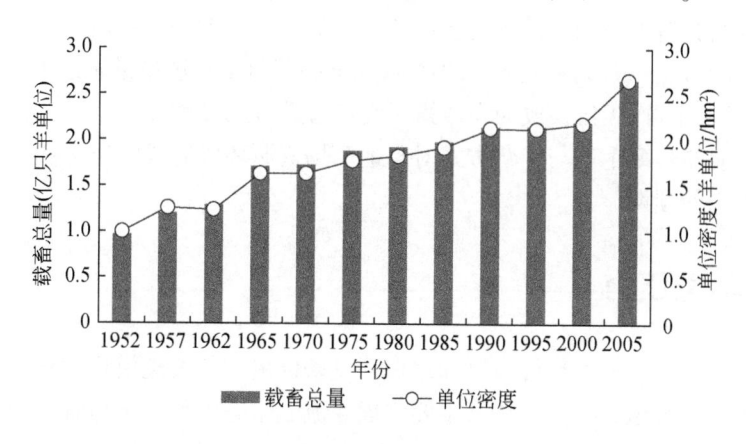

图8-7 1952~2005年四大天然草场省区载畜量与密度变化

就草场质量而言，在草场面积萎缩、牲畜超载与气候变化人为和自然等因素的双重作用下，不适宜开发区的草场质量呈现出快速下降态势。例如，1950年，内蒙古草场牧草的普遍高度约为180cm，充分展现了"风吹草低见牛羊"的天然牧场风光。1980年，这里草场的牧草高度仅为100 cm，降幅达44.4%。到2000年，这里草场的牧草高度不足40cm，仅相当于1950年的22.2%（图8-8），有些地方甚至出现了"跑死羊"的现象（周圣坤和刘娟，2009）。

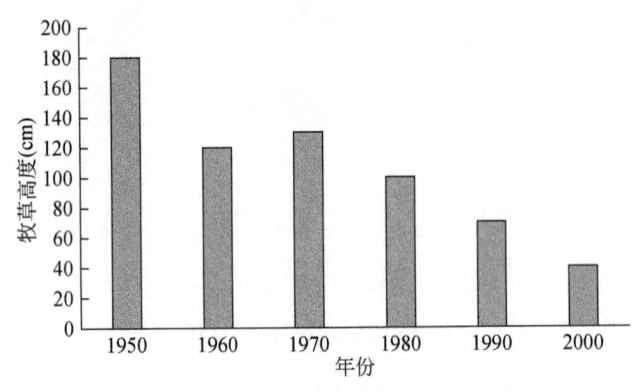

图8-8 1950~2000年内蒙古草场牧草高度变化过程

草场质量下降的一个严重的后果是我国畜牧业产品质量越来越难以满足整个社会，特别是城市居民生活日益提高的消费需求。2008年发生的举世震惊的三氯氰胺事件便是我国畜牧业生产供给与市场发展需求严重脱钩的一个典型事件。这一事件的发生极大地挫伤了我国奶牛业的发展。为此，政府大力推进通过生物技术而非化学手段来提高饲料蛋白的发展战略，以求改善产品质量，振兴牧业。这一战略的实施造成我国苜蓿等高蛋白草料的消费需求大增。然而，由于国内草场质量提高的短板一时无法克服，2015年我国的苜蓿干草进口量超过了121万t，较2009年增长了近22倍，成为全球第一大苜蓿进口国（图8-9）。

如此牧业的长期生产与经营方式对当地草场资源环境造成的压力和生态负效应远超过人们的预期。

8.3.2 环境压力

不适宜开发区的资源环境禀赋和地理开发条件决定了大规模现代化开发对当地生态造成的巨大压力。这种压力主要体现在流域生态破坏、土地荒漠化和大气污染3个方面。

第一，流域生态破坏。作为淡水资源的基本空间载体，流域不仅为地表淡水

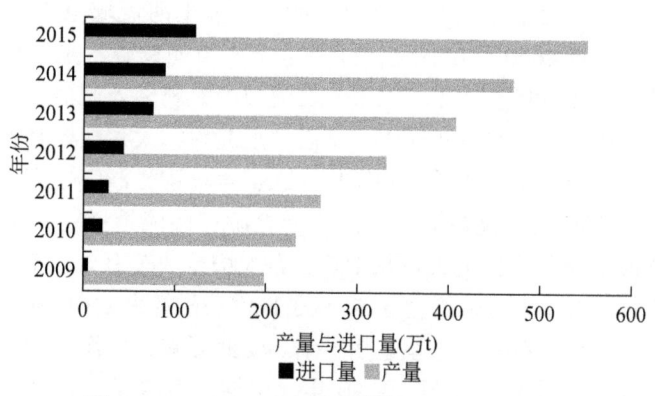

图 8-9　2009~2015 年中国苜蓿生产与进口变化

循环与物质能量输送提供最为重要的交换空间，也为地表陆生生态系统提供最为广大的发育场所。人类社会及其文明之所以发源和成长于流域，其原因就在于此。

历史证据表明，人类从"逐水而居"到"逐水而兴"，其文明的发育程度越高，越是表现出对流域开发的依赖。从这个意义上讲，人类社会的文明和进步就是一部流域开发史。如果说古代时期人类的流域开发还对上苍（大自然）无比敬畏，那么，工业革命以来，人与流域的关系开始发生重大转变。大量体外工具的制造和使用彻底改变了人类以往的流域开发方式。高筑坝、广蓄水、谋发展的流域梯级开发方式已成为促进国家和地区现代化发展的基本手段（Norman，1971；World Commission on Dams，2000；麦卡利，2005；Nilsson et al.，2005）。

不断兴建的大坝水库和各类水工设施在满足人类获取能源、防洪排涝、提高灌溉、改善通航和城乡供水等各种需求的同时，却对工程建设所在地区乃至整个流域生态系统的稳定和正常发育产生了日益扩大的负面影响（张光斗，2000；钱穆，2004；汪恕诚，2004；钱正英，2005；Wong et al.，2007；胡宝柱等，2008；魏元芹等，2010）。这种负面影响不仅危害流域的健康发育，而且也殃及人类现代流域开发自身的可持续性（张雷等，2011），对地处干旱和半干旱的不适宜开发区而言，更是如此。在此方面新疆的塔里木河、甘肃和内蒙古的黑河及青海的三江源三大流域生态破坏具有典型代表性。

1) 塔里木河流域。塔里木河地处新疆中部，总面积为 102.0 万 km²，其中，干流长为 1321km，是中国最长的内陆河，也是世界著名的内陆河之一（图 8-10）。塔里木河流域多年平均降水量为 1055 亿 m³，水资源总量为 446.1 亿 m³，其中，地表水资源量为 418.8 亿 m³，地下水资源量为 370.0 亿 m³，地表总径流量为 499.5 亿 m³。塔里木河流域气候干旱，降水极少，蒸发强烈，生态环境十分脆弱。作为新疆人文社会活动的一个重要场所，塔里木河流域范围内生活着1200多万各族群众，有近4600万亩耕地，还有上千万亩胡杨林，是世界仅存的最大的一片胡杨林。自20世纪50年代以来，在流域内大规模人文活动和气候变化的共同作用下，塔里木河来水逐年减少，下游河道断流，大片胡杨林死亡，水资源开发过程中的经济与生态的矛盾日趋突出，人类生存遭受沙漠侵害威胁。相关资料显示，1950~2000年，仅在塔里木河流域上游三源流地区（即和田河、叶尔羌河与阿克苏河3条源流）的人口从156.3万人增至395万人，增幅达1.53倍；农田灌溉面积从34.8万 hm² 增至125.7万 hm²，增幅达2.61倍；用水量则从50.0亿 m³ 增至155.0亿 m³，增幅达2.1倍。受此影响，上游三源流向干流输送的水量逐年减少，水质不断恶化。到80年代中期，下游320km的河道断流，处于流域尾闾的台特玛湖干涸，地下水位也随之大幅度下降。相应地，以胡杨林为主体的流域自然生态植被全面衰败，沙漠化过程加剧，面积扩大，生物多样性严重受损，浮尘、沙尘暴灾害性天气增加，生态环境日益恶化，已严重威胁流域生态安全和经济社会的健康发展。进入21世纪后，国家投入上百亿元实施"塔里木河流域近期综合治理"，其中一项重要任务就是通过节水、输水，保护和恢复两岸胡杨林，巩固绿洲与沙漠之间的生态屏障。经过10多年的综合治理，目前塔里木河流域的生态输水达60亿 m³。由于下游河道径流贯通，地下水位逐年抬升，沿线大片胡杨林得到有效恢复，处于尾闾的台特玛湖也开始形成了面积达500多平方公里的湖域湿地，整个流域生态环境的恶化趋势得到初步遏制和改善（新疆水资源软科学课题组，1989；陈亚宁等，2004；冯起等，2004；徐海量等，2005；叶茂等，2006；童玉芬等，2006；孟丽红等，2008）。

图8-10 塔里木河流域示意图

2）黑河流域。黑河流域为我国西北地区第二大内陆河。该流域发源于祁连山北麓中段，南以祁连山为界，北与蒙古国接壤，涉及青海、甘肃、内蒙古三省区。黑河流域面积为14.29万km²，其中，甘肃省为6.18万km²，青海省为1.04万km²，内蒙古自治区约为7.07万km²，水资源总量为35.66亿m³。黑河流域的地貌景观大致分为上游高山冰雪冻土和山区植被草甸带，中游戈壁、绿洲和荒漠带，下游是阿拉善高原天然草场。其中，中游地区是流域内工农业经济最为发达的地区和国家重要的粮、油、种基地，下游的草场则是河西走廊如嘉峪关、酒泉、张掖、金昌等一些重要经济区的生态屏障。黑河流域中下游地区极度干旱，区域水资源难以满足当地经济发展和生态平衡的需要，历史上的水事矛盾就已经相当突出。进入现代化进程以来，由于人口增长和经济发展，流域水资源供应日渐匮乏。20世纪50年代以来，黑河中游地区大规模垦荒种粮，由库、渠、井、提、灌组成完整的农田水利配套灌溉系统，灌溉面积由1950年的11.0万hm²左右增长到2000年的28.2万hm²。与此同时，流域的用水总量也提高了1.4倍，流域水资源利用率则从1950年的不足45.0%升至2000年的约105.0%，远超国际上公认40%的警戒线。从黑河流域现状用水地区分布看，由于中游用水长期占全流域用水的91.0%，自60年代以来，进入下游的水量逐渐减少，下游（正义峡以下）出现断流，导致内蒙古额济纳旗的核心绿洲生态用水大幅度减少，河湖干涸（如1961年，西居延海干涸，东居延海也于1992年变成茫茫戈壁）、林木死亡、草场退化、沙尘暴肆虐等生态环境问题进一步加剧，省际水事矛盾更加突出（康尔泗等，2004；王浩等，2004；张济世等，2004；张光辉等，2006；肖生春等，2011；丁宏伟等，2012；孙栋元等，2014；陆志翔等，2015；唐霞等，2015）。

3）青海三江源。三江源地区位于青海省南部，地处青藏高原腹地，是长江、黄河、澜沧江三大河流的发源地，素有"中华水塔"之称。三江源地区包括玉树、果洛、海南、黄南藏族自治州的16个县和格尔木市的唐古拉山镇，总面积为39.6万km²。该地区地貌以山原和峡谷地貌为主，地形复杂，年均气温为-5.6~7.8℃，年降水量为262.2~772.8 mm，多年平均径流量约为500亿m³，其中，长江、黄河、澜沧江3条河流的径流量分别占河流径流总量的25%、49%、15%（图8-11）。草场生态系统是三江源地区最主要的生态系统类型，广泛分布于三江源地区，其分布面积占三江源地区总面积的65.37%。自20世纪50年代以来，随着牧业的发展，草场生态退化明显加剧。统计数据显示，1952~1990年，青海草场载畜总量增长了1.38倍，实际超载率为26.0%。作为青海的重要牧业基地，长期超载加大了三江源地区草场退化的趋势。相关研究表明，到2000年三江源区中度以上退化草场面积已达0.12亿hm²，占本区可利用草场面积的

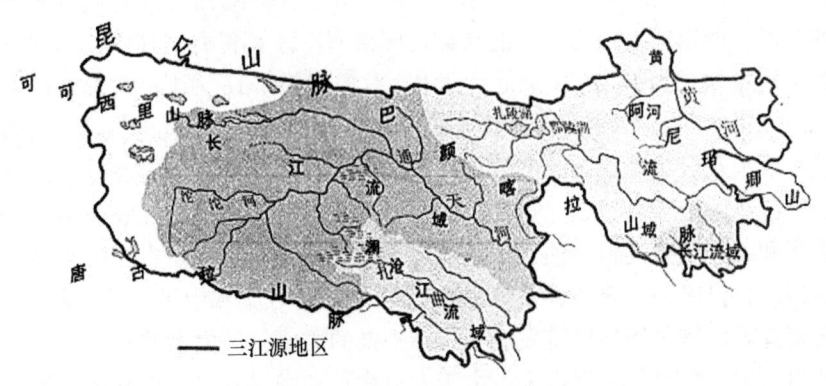

图 8-11 三江源地区流域示意

58%。与 50 年代相比，草场单位面积产草量下降 30%～50%，草地植被盖度减少 15%～25%。受此影响，三江源区湿地生态系统也出现了明显的退化，湖泊水位下降、面积萎缩，河流出现断流及沼泽湿地退化等。例如，黄河源区 20 世纪 80 年代初沼泽面积约在 3900km^2，90 年代面积则减至不足 3250km^2。长江源区许多山麓及山前坡地上的沼泽湿地已停止发育，部分地段出现沼泽泥炭地干燥裸露的现象（刘纪远等，2008；徐新良等，2008；邵全琴等，2010；杜加强等，2016；蒋冲等，2017；张颖等，2017）。

第二，土地荒漠化。认识到流域水资源开发与土地覆被变化两者的相互作用和影响，就不难理解由此产生的土地荒漠化问题。

荒漠、草场和绿洲是干旱区和半干旱区土地类型构成的三大基本组成单元，是地球内外动力与大气水循环共同作用下的一种地表自然生态景观组合。然而，受人类大规模水土资源开发的影响，干旱区和半干旱区的天然土地构成失去了原有平衡，严重干预了自然生态系统多样性的发育，最终导致土地荒漠化。

我国是世界上荒漠及荒漠化土地分布较广的国家。2004 年我国土地荒漠化面积为 263.6 万 km^2，约占国土总面积的 27.5%。相关研究分析表明，20 世纪 50～70 年代，我国土地荒漠化以 1560km^2/a 的速度增长；70～80 年代，增速升至 2100km^2/a；1981～2004 年的增速则进一步升至 2460km^2/a。

从空间分布上看，我国土地荒漠化主要分布在不适宜开发区的新疆、内蒙古、西藏、甘肃和青海 5 个省（自治区、直辖市），其荒漠化面积为 251.3 万 km^2，占全国荒漠土地总面积的 95.3%（2004 年）。

以土地类型的构成而言，新疆、内蒙古、西藏、甘肃和青海 5 个省（自治区、直辖市）既是我国荒漠化最大的集中地，也是我国天然草场最大的拥有地，其草场面积占全国总量的 90.0% 以上。由于上述 5 个省（自治区、直辖市）国土面积总和的90.0%以上为荒漠化和草场，且又处于国家生态屏障的上风上水位置，这一地区荒漠化和草场两者土地的此消彼长不仅决定着当地人地关系的基本走向，也极大地影响着全国，特别是北方地区人文社会的持续发展。

图8-12展示了我国北方牧业地区土地荒漠化过程中人文社会活动的驱动作用。其中最为关键因素的有3个：①过度樵采。特别是在沙漠戈壁地区，为解决烧柴与生计问题大量砍伐植被和草药挖掘，致使天然绿洲面积大幅缩小。②过度垦荒。1952~1995年，新疆、内蒙古、西藏、甘肃和青海5个省（自治区、直辖市）通过垦荒的耕地面积就增加了近710万 hm²，增幅达63.4%。③过度放牧。随着人口和社会需求增长，草畜矛盾日益尖锐，由于长期超载，草原生产力较20世纪50年代普遍降低了30%~50%。在人文活动因素与气候变化和其他因素的共同作用下，我国北方草原退化面积已经占到90%，其中，严重退化的草原面积为50%以上。严重的问题还在于，从20世纪50年代至21世纪，投入我国草原建设的经费不足30亿元，平均每年每亩草原只有几分钱。如此土地利用从绿到黄（褐）的颜色转变最终导致21世纪初我国北方沙尘暴的再度肆虐，土地沙漠化不仅直接威胁北京，也严重干扰了整个北方的生态系统稳定（朱震达，1995；马永欢等，2003；王涛等，2003；郭然等，2004；张新时等，2016）。

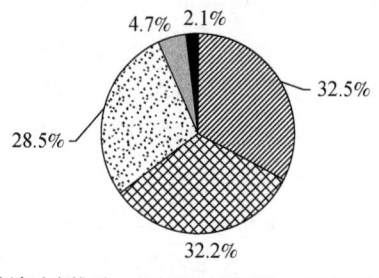

图8-12 我国北方土地荒漠化演变成因分析

第三，大气污染。总体而言，因地广人稀，不适宜开发区在大气污染方面所面临的压力远不及适宜和较适宜两大开发区。但这并不意味着不适宜开发区不存在大气污染趋于加重的事实。相反，一些人文活动相对密集的城市地区所承受的大气污染压力甚至堪比适宜和较适宜两大开发区，其中最为典型的当属甘肃的兰州和新疆的乌鲁木齐两个城市。

1）兰州。作为甘肃的省会，兰州是中华人民共和国成立后首批重点建设的工业城市之一，被称为"兰州市西大门"的西固区则是我国最早建成的一个重要石油化工基地。由于工业和生活废气排放量大，加之所处的黄河谷地特殊地理位置、地形条件和气象条件，自20世纪70年代以来兰州便成为国内外空气污染最严重的城市之一。1974年夏季，兰州市西固区常出现一种大气污染现象，其情景被描述为"雾茫茫，眼难睁，人不伤心泪长流"。历经4年，证实为我国最早出现的光化学烟雾污染。根据相关报道，1991~1992年，我国5个城市与日本4个城市相比，总悬浮颗粒物（total suspended particulate，TSP）浓度普遍比日本高5~10倍，其中，兰州位居首位（王式功等，1999）。观测表明，兰州城市烟雾层厚度在500~850m，平均高度为600m，城市烟雾层光学厚度（$\lambda=0.55\mu m$）占整层大气气溶胶光学厚度的70%。经过多年的大力治理，目前兰州市的大气环境已经得到明显改善，但距离国家二级标准仍有很大差距（2016年在全国74座新标准监测城市中排名第52位）（甘肃省环境保护研究所大气化学组，1980；刘普幸，1999；王式功等，1999；褚润等，2006；马静，2008；祝合勇等，2011；陶燕等，2014）。

2）乌鲁木齐。乌鲁木齐位于亚欧大陆腹地，地处天山北坡，东南西三面环山，北面为冲积平原，是新疆维吾尔自治区首府。由于地处干旱区的绿洲生态系统，乌鲁木齐市域的大气环境容量小，环境功能脆弱，对城市发展支持能力较低。然而，改革开放30多年来，随着当地经济持续高速发展，城市化进程不断加速，乌鲁木齐大气污染恶化程度日趋严重。相关研究表明，20世纪90年代以前乌鲁木齐的城市能源消费几乎完全建立在当地煤炭供应的基础之上。此后，在油气及风能、太阳能等可再生能源的持续加入下，乌鲁木齐的城市能源消费结构虽然得到一定程度的改善，但始终未能动摇煤炭消费的绝对主导地位，以致市域范围的二氧化硫和总悬浮颗粒物长期严重超标。到20世纪末，乌鲁木齐被列为世界上大气污染最为严重的十座城市之一。2011年世界卫生组织公布的全球1083个城市的空气质量排名中，乌鲁木齐名列1053名，全国倒数第三。应当说，经过多年治理，乌鲁木齐的大气环境改善确实取得很大进展，但距离国家二级标准仍有很大差距（2016年在全国74座新标准监测城市中排名第62位）（朱建新等，1990；张杰等，2000；李新琪等，2001；魏毅等，2011；张江丽等，2013；李军等，2014；许鹏等，2014）。

8.4 结　　论

不适宜开发区的人地关系大体经历了缓慢和快速两个基本演进阶段。尽管目前不适宜开发区的人地关系演进总体上依然处在完全宽松阶段，但是宁夏和甘肃两个省（自治区、直辖市）的人地关系演进已经完全进入紧张状态，内蒙古的人地关系也开始跨入相对宽松阶段。更为严重的问题在于，长期的大规模资源环境开发所产生的负面效应还是十分明显的,其中,以草场退化、土地荒漠化和局地大气环境污染最具代表性。

作为生态极度脆弱的地区,如何控制不适宜开发区过快的人地关系演进速率将成为未来地区持续发展的关键所在。

1952~2010 年,不适宜开发区人地关系演进特征值的年递增速率为 6.67%,不仅远超同期适宜开发区的 6.14% 和较适宜开发区的 5.31%,就是与同期全国的均值水平相比也高出 1.19 个百分点。若按此种增速发展,仅用 13 年的时间不适宜开发区的人地关系演进便会迅速跨越 1.0 的阈值,进入紧张阶段。显然,作为地处国家上风上水的地理位置,且拥有全国近 55.0% 国土面积的不适宜开发区,其人地关系演进的这种结果对当地乃至全国都是一个坏消息,应当竭尽全力避免其出现。

第 9 章　结论与建议

　　适者生存。一切生物的繁衍和发育取决于它们对周围资源环境的认知能力与利用方式，这是地球上包括人类在内的所有生物种群生存和发展的铁律。所不同者，人类既有被动地适应资源环境变化的一方面，又有能动地创造大量体外工具以改造资源环境的一方面，而最能展现人类这种主动创造能力的物质能量来源恰恰就是人类赖以生存和发展的资源环境基础。从这个意义上讲，人类从愚昧走向文明的历史就是一部资源环境的利用与开发历史。因为，地球资源环境不仅为人类的生存和繁衍提供了不可或缺的物质能量基础，而且更为人类智力的发育和成长提供了唯一展现的时空演绎舞台。在此方面，人类必须时刻铭记：可以设想一个完全没有人类的地球，但不能设想一个完全没有地球的人类。遗憾的是，由于对财富积累的过度贪婪和对科学技术把控的过度自信，时至今日人类尚未在和谐人地关系的建设方面取得最为广泛的统一共识。

　　实际上，自有人类以来，就产生了人类社会文明进步与资源环境系统进化两者相互作用的关系，即人地关系。这种关系的演进与发展体现了人类社会对周围自然资源环境的开发利用深化过程，其基本动力则来自人类不断寻求改善自身生存与发展条件的渴望和努力。

　　作为地球表层生物圈中最具活力的一个物种，人类从其诞生之日起便开始了一场至今仍在持续且不断扩大的资源环境开发活动。以水土两大资源开发利用为主的农耕经济时代文明发育如此，以能源矿产为主的现代工业文明发育亦是如此。

　　文明时期的到来意味着人类社会在这种关系的演进过程中从被动适应走向了主动改造，特别是进入现代工业文明以来，科学技术的不断进步极大地改变着人类社会的生存和发展环境，从而使得人类文明发育开始占据了现代社会人地关系演进的主导地位。一方面，随着资源环境开发规模的扩大，人文系统发育的面貌焕然一新，其中以人口的大幅增长及社会财富积累的快速提升最为明显。另一方面，在资源环境开发的极化效应（指人类大规模资源环境开发在加速人口增长与社会财富积累的同时所产生的巨大自然生态破坏效果）作用下，现代化的发展也驱使地区、国家乃至全球人地关系的演进驶入了全面紧张的快车道，日趋沉重的环境代价已经开始不断侵蚀着整个人类文明发育的资源环境基础。包括中国在内的11个全球人口大国的国家人地关系演进过程恰恰证明了这一点。

需要指出的是，日趋紧张的人地关系往往会对地球自然演进过程中所发生的常态事件（如地震、海啸、飓风、洪涝和干旱等）造成的危害产生明显的放大作用，从而使人类文明发育面临越来越大的自然灾害风险。国家人地关系越是趋于紧张，这种放大的效果越是明显。日本工业化历程的实例则证明了这一观点。

作为世界上最大的发展中国家，中国的现代化发展已经使得国家人地关系演进从相对宽松状态进入全面紧张阶段。

在国家层面上，尽管长期的农耕文明发育占用了大部分的国家水土资源基础，但是凭借所余的开发潜力还是支撑了国家现代化的初期发展。20世纪80年代中期以来，大规模的市场开放与资本和技术引进极大地改变了原有社会生产的资源环境要素投入结构，其结果在国家财富积累状态大幅改善的同时，也大大加速了人地关系的演进进程，以致国家资源环境基础承受的压力日趋增大。20世纪90年代以来，快速增长的能源、矿产和农副产品进口，持续多年的黄河断流，损失巨大的长江流域洪涝灾害和四川汶川地震，各地频发的水环境污染，不断恶化的土地物理化学环境，以及近年来全国大范围发生的灰霾肆虐等事件向我们一再证明了这样一个基本事实，即中国的国家人地关系已经进入全面紧张状态。

在区域层面上，由于在国家人文社会活动中所占据的绝对主导地位，适宜和较适宜两大开发区人地关系演进的状态变化始终决定着国家人地关系整体演进的基本走向。作为国家重要的生态屏障，尽管不适宜开发区在国家人文社会活动方面的影响甚微，但其人地关系的演进不仅对地区自身持续发展起着决定作用，而且对全国未来人地关系的改善有着重大潜在影响。

应当看到，在国家和地区人地关系演进日趋紧张的现实压力下，近年来政府与整个社会在生态文明和绿色发展方面取得了越来越广泛的共识，并开始见诸行动。但是，要彻底根除长期以来形成的传统资源环境开发利用的思维顽疾，将生态文明和绿色发展完全变为整个社会发展的自觉意识，中国还有很长的路要走。

显然，如何在正确认识我国自身资源环境本底特征的基础上，通过资源环境开发利用的科技创新和有效管理，根本改变以资源环境投入为主的传统社会生产模式，代之以人才智力投入为主的绿色社会生产模式，以最大限度地减缓乃至遏制日趋紧张的国家人地关系演进进程应是我国未来持续发展的长期目标和基本任务。为此，提出以下建议。

1）坚持"生态为先"。资源环境是人类生存和发展的物质基础所在。合理有效的资源环境开发利用从来都是国家和地区持续发展的第一原则，特别是对已经进入人地关系紧张阶段的中国而言，更是如此。为此，一方面应加大探索资源环境整体、空间组织结构及其在人地关系演进过程中基础作用的力度，以便科学地把握国家和地区人文社会活动舞台的有效边界；另一方面应持续加大环境整体治理的投入力度，以从根本上缓解乃至最终遏制国家和地区长期以来所面临的最为突出的生态恶化（如大气环境和水环境等）问题。

2）坚持"教育为本"。人文社会活动是决定国家和地区人地关系演进状态变化的关键因素。因此，合理有效的资源环境开发利用的关键在于社会的共识和专业人才的培养。一方面，应依据科学技术进步和市场发育环境的变化，集社会各方之力探寻建立起一种天（自然）人合一的地球命运共同体的全民共识，以便为国家和地区人地关系演进从日趋紧张状态走向逐步缓解并最终达到持续和谐提供最为广大的社会民众基础；另一方面，应面对国家人地关系演进的现实，加强整个社会的教育体系改革，培养大批既有专业知识又有地理开发环境素养的综合新生人才。

3）坚持"市场为大"。市场是产品交换的场所，也是包括人才在内的物质能量与信息交换场所。有多大产品交换需求，就会有多大的市场规模。当今世界，市场全球化已成为国家和地区发展的必要条件和保障。为此，应努力探索如何通过全球市场化发育实现缓解乃至遏制国内人地关系紧张局面的总体战略和实现路径，其中当然包括获取所需的各类物质、能量、资本、技术和人才。

4）坚持"区域为要"。对中国这样一个地理环境复杂、人口众多和发展诉求多样的发展中大国而言，目前实施的大一统区域发展模式或战略难以为继。因此，应遵循地理开发条件和自然生态发育特征，科学认识区域资源环境禀赋实质及其开发利用的复杂性，正确评价目前开发利用方式的得失利弊，探索适合不同区域的多样化发展模式，以实现区域发展从工业文明向生态文明的根本性转变。须知，没有区域发展的这种根本性的转变，国家目前人地关系紧张状态的缓解与未来和谐局面的建立便无从谈起。

参 考 文 献

安格斯·麦迪森.2003.世界经济千年史.伍晓鹰,等译.北京:北京大学出版社.
白现广,王金,李进华.2011.巢湖水质污染的社会经济因子分析及趋势研究.红河学院学报,
　9(4):77-81.
柴宗新.1995.西南地区水土流失区划.山地研究,13(2):121-127.
陈霁巍,穆兴民.2000.黄河断流的态势、成因与科学对策.自然资源学报,15(1):31-35.
陈明星,李扬,龚颖华,等.2016.胡焕庸线两侧的人口分布与城镇化格局趋势——尝试回答李克
　强总理之问.地理学报,71(2):179-193.
陈亚宁,张小雷,祝向民.2004.新疆塔里木河下游断流河道输水的生态效应分析.中国科学(D
　辑:地球科学),34(5):475-482.
成芳,凌去非,徐海军,等.2010.太湖水质现状与主要污染物分析.上海海洋大学学报,19(1):
　105-110.
褚润,张国珍,谢红刚.2006.兰州市大气污染成因分析.兰州交通大学学报,25(4):29-62.
崔树彬,高玉玲,张绍峰,等.1999.黄河断流的生态影响及对策措施.水资源保护,(4):23-26.
大卫·克里斯蒂安.2007.时间地图:大历史导论.晏可佳译.上海:上海社会科学院出版社.
德内尔·梅多斯,乔根·兰德斯,丹尼斯·梅多斯.2006.增长的极限.李涛,王智勇译.北京:
　机械工业出版社.
丁宏伟,胡兴林,蓝永超,等.2012.黑河流域水资源转化特征及其变化规律.冰川冻土,34(6):
　1461-1469.
杜加强,贾尔恒,阿哈提,等.2016.三江源区近30年植被生长动态变化特征分析.草业学报,
　25(1):1-12.
范文澜.1963.中国通史简编.北京:人民出版社.
冯起,刘蔚,司建华,等.2004.塔里木河流域水资源开发利用及其环境效应.冰川冻土,26(6):
　682-690.
冯昭奎.2008.日本食物自给率变动及其对中国农业的启示.日本研究,(4):1-8.
甘肃省环境保护研究所大气化学组.1980.兰州西固区光化学烟雾污染的初步探讨.环境科学,
　(5):24-30.
郭然,王效科,欧阳志云,等.2004.中国土地沙漠化、水土流失和盐渍化的原因和驱动力:总体分
　析.自然资源学报,19(1):119-127.
国家减灾委员会,科学技术部抗震救灾专家组.2008.汶川地震灾害综合分析与评估.北京:科
　学出版社.
国家减灾中心灾害信息部.2009.2008年我国自然灾害的主要特点.中国减灾,(1):10-11.
国家统计局工业交通统计司.2001.中国能源统计年鉴1997–1999.北京:中国统计出版社.
胡宝柱,高磊磊,王娜.2008.水库建设对生态环境的影响分析.浙江水利水电专科学校学报,
　20(2):41-43.
胡焕庸.1935.中国人口之分布—附统计表与密度图.地理学报,2(2):33-74.
胡焕庸.1987.中国人口地域分布.科学,39(2):83-89.

黄永泰.1999.滇池污染状况及其综合治理.环境污染与防治,21(4):28-31.

黄园浙,杨波.2012.从胡焕庸人口线看地理环境决定论.云南师范大学学报(哲学社会科学版),44(1):68-73.

姜树君,王净.2003.官厅水库水质污染状况及趋势分析.北京水利,(2):31-32.

蒋冲,王德旺,罗上华,等.2017.三江源区生态系统状况变化及其成因.环境科学研究,30(1):10-19.

金其铭,杨山,杨雷.1993.人地关系论.南京:江苏教育出版社.

康尔泗,李新,张济世,等.2004.甘肃河西地区内陆河流域荒漠化的水资源问题.冰川冻土,26(6):657-667.

蕾切尔·卡逊.1997.寂静的春天.吕瑞兰,李长生译.长春:吉林人民出版社.

李曼,邹振华,史培军,等.2015.世界地震灾害风险评价.自然灾害学报,24(5):1-11.

李会安,张文鸽.2004.黄河水资源利用与水权管理.中国水利,(9):12-13.

李军,吕爱华,李建刚.2014."十一五"时期乌鲁木齐市大气污染特征及影响因素分析.中国环境监测,30(2):14-20.

李良义.1996.淮河流域水污染现状与防治展望.环境保护,(11):6-9,34.

李新琪,海热提·涂尔逊.2001.乌鲁木齐市大气环境容载力及污染防治对策研究.干旱区资源与环境,15(3):17-24.

李有利,傅建利,杨景春,等.2001.黄河水量明显减少对下游河流地貌的影响.水土保持研究,8(2):7-12.

林文棋.2005.北京及其周边区域水资源联合调控初探.城市规划,29(6):33-35,75.

刘昌明,张学成.2004.黄河干流实际来水量不断减少的成因分析.地理学报,59(3):323-330.

刘纪远,徐新良,邵全琴.2008.近30年来青海三江源地区草地退化的时空特征.地理学报,63(4):364-376.

刘普幸.1999.兰州城市大气污染成因及其防治措施.西北师范大学学报(自然科学版),35(1):71-75.

陆大道,王铮,封志明,等.2016.关于"胡焕庸线能否突破"的学术争鸣.地理研究,35(5):805-824.

陆志翔,肖洪浪,张志强,等.2015.黑河流域近两千年人—水—生态演变研究进展.地球科学进展,30(3):396-406.

骆承政.1996.中国大洪水.北京:中国书店出版社.

骆承政.2006.中国历史大洪水调查资料汇编.北京:中国书店出版社.

马尔萨斯.1996.人口原理.朱泱,胡企林,朱和中译.北京:商务印书馆.

马海涛.2015.突破胡焕庸线:新型城镇化助推国土空间利用质量的均衡.科学,67(3):39-42.

马静.2008.兰州市大气污染现状分析及防治对策建议.环境研究与监测,21(1):21-27,31.

马永欢,樊胜岳,姜德娟,等.2003.我国北方土地荒漠化成因与草业发展研究.干旱区研究,20(3):217-220.

孟丽红,陈亚宁,李卫红.2008.新疆塔里木河流域水资源承载力评价研究.中国沙漠,28(1):185-190.

穆泉,张世秋.2013.2013年1月中国大面积雾霾事件直接社会经济损失评估.中国环境科学,33(11):2087-2094.

潘家铮.2002.中国水利建设的成就、问题和展望.中国工程科学,4(2):42-51.

彭珂珊,彭桦.2008.2008年中国罕见的雨雪冰冻灾害危害及对策初探.调研世界,(2):33-42.

钱穆.2004.古史地理论丛:水利与水害。北京:三联书店.

钱正英.2005-12-06.水利界应反思中国河流开发.科学时报,第1版.

曲格平,彭近新.2010.环境觉醒——人类环境会议和中国第一次环境保护会议.北京:中国环境科学出版社.

萨伊.1997.政治经济学概论:财富的生产、分配和消费.陈福生,陈振华译.北京:商务印书馆.

邵全琴,赵志平,刘纪远,等.2010.近30年来三江源地区土地覆被与宏观生态变化特征.地理研究,29(8):1439-1451.

世界环境与发展委员会.1997.我们共同的未来.王之佳,柯金良译.长春:吉林人民出版社.

水利部水文局,水利部长江水利委员会水文局.2002.1998年长江暴雨洪水.北京:中国水利水电出版社.

孙栋元,李元红,胡想全,等.2014.黑河流域水资源供需平衡与配置研究.水土保持研究,21(3):217-221.

谭晓,刘春学,杨树平,等.2012.滇池水污染经济损失估算.长江流域资源与环境,21(12):1449-1452.

唐霞,张志强,王勤花,等.2015.黑河流域历史时期水资源开发利用研究.干旱区资源与环境,29(7):89-94.

陶燕,朱礼波,王洪新,等.2014.兰州市大气污染特征及其成因探讨.环境科学与技术,37(8):87-92.

童玉芬,吴彩仙,王渤元.2006.新疆塔里木河流域人口增长、水资源与沙漠化的关系.人口学刊,(1):37-40.

汪恕诚.2004.论大坝与生态.水力发电,30(4):1-4.

王浩,常炳炎,秦大庸.2004.黑河流域水资源调配研究.中国水利,(9):18-21,5.

王式功,张镭,陈长和,等.1999.兰州地区大气环境研究的回顾与展望.兰州大学学报,35(3):189-201.

王守正.1985.抗战时期内地民族工业"短暂发展"探析.青海师范大学学报(哲学社会科学版),(2):108-112.

王涛,吴薇,薛娴,等.2003.我国北方土地沙漠化演变趋势分析.中国沙漠,23(3):230-235.

王新生.2013.日本简史(增订版).北京:北京大学出版社.

王颖,张永战.1998.人类活动与黄河断流及海岸环境影响.南京大学学报(自然科学版),34(3):6-20.

魏树和,周启星.2008.东北地区土壤环境问题及生态对策.南京:河海大学出版社.

魏毅,加旭辉,魏勇.2011.乌鲁木齐市大气污染总量控制和降低机制研究.干旱区资源与环境,25(2):118-123.

魏元芹,丁毅,张先平.2010.筑坝河流的生态环境效应及对策措施研究.中国水能及电气化,
(5):24-30.
文玉.2005.长江流域洪灾回顾.中国减灾,(9):48.
沃德,杜博斯.1976.只有一个地球——对一个小小行星的关怀和维护.《国外公害丛书》编委会
译.北京:石油工业出版社.
吴传钧.1991.论地理学的研究核心—人地关系地域系统.经济地理,11(3):1-6.
吴传钧.1998.人地关系与经济布局(吴传钧文集).北京:学苑出版社.
吴兑,廖碧婷,吴蒙,等.2014.环首都圈霾和雾的长期变化特征与典型个例的近地层输送条件.
环境科学学报,34(1):1-11.
吴彤,张锡梅,任玉凤,等.1995.人与自然:生态、科技、文化与社会.呼和浩特:内蒙古人民大学
出版社.
吴映文,张忠华,于淑萍.1999.保护森林资源,建设绿色屏障——1998年特大洪水引发的思考.
防护林科技,(1):44-45.
肖生春,肖洪浪,蓝永超,等.2011.近50a来黑河流域水资源问题与流域集成管理.中国沙漠,
31(2):529-535.
新疆水资源软科学课题组.1989.新疆水资源及其承载力的开发战略对策.水利水电技术,
(6):2-9.
信忠保,许炯心,余新晓.2009.近50年黄土高原水土流失的时空变化.生态学报,29(3):
1129-1139.
徐海量,叶茂,宋郁东,等.2005.塔里木河流域水资源变化的特点与趋势.地理学报,60(3):
487-494.
徐新良,刘纪远,邵全琴,等.2008.30年来青海三江源生态系统格局和空间结构动态变化.地理
研究,27(4):829-838,974.
许鹏,谢海燕,孙媛媛.2014.乌鲁木齐市大气污染状况及治理成效研究.环境科学导刊,
33(4):38-44.
严中平,等.2012.中国近代经济史统计资料选辑.北京:中国社会科学出版社.
杨兵.2013.中国有色金属矿产对外依存度与资源可供性之辨析.矿产勘查,4(1):8-11.
叶茂,徐海量,宋郁东,等.2006.塔里木河流域水资源利用面临的主要问题.干旱区研究,
23(3):388-392.
曾四清,罗焕金,马文军,等.2012.适应气候变化,减少健康危害.华南预防医学,38(5):76-79.
张光斗.1999.1998年长江大洪水.人民长江,30(7):1-3.
张光斗.2000.对中国可持续发展水资源的新认识.中国水利,(8):18-19,30.
张光辉,聂振龙,刘少玉,等.2006.甘肃西北部黑河流域水资源对下游生态环境变化的影响阈.
地质通报,25(Z1):244-250.
张惠霞,郑书彦,徐伯荣.2004.黄土高原水土流失灾害研究.水土保持研究,11(3):320-321.
张济世,康尔泗,姚进忠,等.2004.黑河流域水资源生态环境安全问题研究.中国沙漠,24(4):
47-52.
张江丽,张建中,王斯睿.2013.乌鲁木齐市大气环境污染特征及改善途径分析.中国环境管理

干部学院学报,23(1):58-62.

张杰,刘雪玲,任朝霞,等.2000.乌鲁木齐市大气污染成因分析及防治对策.新疆环境保护,22(2):65-70.

张雷.2004.矿产资源开发与国家工业化——矿产资源消费生命周期理论研究及意义.北京:商务出版社.

张雷,黄园浙.2013.国家现代能源供应保障时空协调.北京:科学出版社.

张雷,刘毅,等.2006.中国区域发展的资源环境基础.北京:科学出版社.

张雷,等.2009.中国城镇化进程的资源环境基础.北京:科学出版社.

张雷,黄园浙,程晓凌,等.2011.流域开发的生态效应问题初探.资源科学,33(8):1422-1430.

张雷,鲁春霞,吴映梅,等.2014.中国流域水资源综合开发.自然资源学报,29(2):295-303.

张雷,鲁春霞,李江苏.2015.中国大河流域开发与国家文明发育.长江流域资源与环境,24(10):1639-1645.

张雷,刘毅,杨波.2017.国家人地关系的国际比较研究.自然资源学报,32(3):353-362.

张新时,唐海萍,董孝斌,等.2016.中国草原的困境及其转型.科学通报,61(2):165-177.

张颖,章超斌,王钊齐,等.2017.气候变化与人为活动对三江源草地生产力影响的定量研究.草业学报,26(5):1-14.

中国环境报社.1992.迈向21世纪——联合国环境与发展大会文献汇编.北京:中国环境科学出版社.

中国林学会.1997.中国森林的变迁.北京:中国林业出版社.

中华人民共和国国家统计局,中华人民共和国民政部.1995.中国灾情报告 1949–1995.北京:中国统计出版社.

中华人民共和国水利部.1999.中国'98 大洪水.北京:中国水利水电出版社.

周圣坤,刘娟.2009.草场退化:牧民认知与对策的个案研究.农业经济,(4):24-26.

朱广伟.2008.太湖富营养化现状及原因分析.湖泊科学,20(1):21-26.

朱建新,石文忠,窦毅军,等.1990.乌鲁木齐市大气污染及控制途径.新疆大学学报(自然科学版),7(4):91-94.

朱震达.1995.中国土地荒漠化的概念、成因与防治.第四纪研究,(2):145-155.

祝合勇,杨太保,金庆森.2011.兰州市城区大气污染现状及防治对策分析.环境科学导刊,30(2):48-52.

P·麦卡利.2005.大坝经济学.周红云,等译.北京:中国发展出版社.

Cipolla A M. 1978. The Economic History of World Population. Brighton: The Harvester Press.

Craig J R, Vaughan D J, Skinmer B J. 1988. Resources of the Earth. Englewood Cliffs: Prentice Hall Inc.

Horn J, Rosenband L R, Smith M R. 2010. The Industrial Revolution in America: A Review. Boston: MIT Press.

Michelson E. 2007. Deprivation, Discontent, and Disobedience in Rural China: Collective Learning in Southeast Henan. http://www.indiana.edu/~emsoc/Publications/Michelson_DDD.pdf. [2007-08-23].

Nilsson C, Reidy C A, Dynesius M, et al. 2005. Fragmentation and flow regulation of the world's large river systems. Science,308(5720):405-408.

Norman S. 1971. A History of Dams. London:Peter Davies.

Simmons I G. 1993. Environmental History:a Concise Introduction. Oxford:Blackwell.

United States Environmental Protection Agency. 2000. National Water Quality Inventory:1998 Report to Congress. Washington D. C. :United States Environmental Protection Agency.

U. S. Department of the Interior, U. S. Geological Survey. 2013. Mineral Commodity Summar IES 2013. Virginia:U. S. Geological Survey.

U. S. Department of Commerce, Bureau of the Census. 1975. Historical Statistics of the United States Colonial Times to 1970. Washington D. C. :U. S. Government Printing Office.

Watkins T. 2008. The Catastrophic Dam Failures in China in August 1975. http://www. sjsu. edu/faculty/watkins/aug1975. htm[2008-08-26].

Wong C M, Williams C E, Pittock J, et al. 2007. World's Top 10 Rivers at Risk. Gland, Switzerland: WWF International.

World Bank. 1999. World Development Report,1998/1999. Cambridge:Oxford University Press.

World Commission on Dams(WCD). 2000. Dams and Development:A New Framework for Decision-making. The Report of the World Commission on Dams. London and Sterling: Earthscan Publications Ltd.